InVerse 2014-2015

Italian Poets in Translation

JOHN CABOT UNIVERSITY PRESS

www.johncabot.edu
Graphic Design: Tiziana Provvidera

CONTENTS

INTRODUCTION

TEN YEARS OF ITALIAN POETRY

Whether or not poetry is a result of one particular language is something that is still being discussed by poets, translators, historians, and theorists. The task of *InVerse* has been, since we have begun our adventure in translating Italian poets into English, to challenge the relationship between the 'untranslatable' elements in a poem and the necessity to translate it anyway. In other words, over the years we have offered an ongoing showcase in which Italian language displays its uniqueness (and therefore the difficulty of rendering it into another language) and the necessity to inform other countries about the existence of a rich field of artistic production which might otherwise pass unnoticed.

The challenge has been rewarded in many ways. Apart from the appreciation of international scholars as well as poetry lovers, we are especially pleased about the increasing willingness on the part of Italian poets to be part of this 'experiment.'

After ten years of poetry festivals and six anthologies an important tool has been made public, which illustrates the great wealth of poetic production in Italy. Both promising young poets and renowned personalities are many and their level is high. Italy, notwithstanding its economic and political crises, manages to keep its great cultural strength alive. Poets (as well as writers and artists) seem to find their way out through production and discussion.

This is why we have always chosen to ignore differences in theoretical or ideological orientations. Any good poet – whatever his or her stance or style is – is invited to give us their exemplary texts, so that their voices can be rendered as well as possible in a language that is 'international.' Our criterion of selection is reduced to the quality, passion, and maturity with which poets devote themselves to this delicate activity. When we feel that their voices are ready to leave their language and country, we welcome them to undergo the test of translation.

At that point, their work is 'saved' in rescue boats, and stored where the *genius loci* (*et linguae*) will overcome any possible cultural shifts in a global world.

This task makes the work of translation one of the most honest and modest ones. As every translator knows, the task is not to reproduce the original but to make it available. Working as artisans of poetry, we tend to prefer literal choices (when possible, of course), following Ortega y Gasset's idea that forcing the target language into the source language is a great advantage for the former.

A first conclusion after ten years: poetry transcends particular languages and returns to each language the greatness of that transcendence. It is for this reason that our cover features a bilingual page from poet Amelia Rosselli, whose verses drew upon several languages.

Brunella Antomarini   Berenice Cocciolillo   Rosa Filardi

Rome, February 14, 2015

TRANSLATORS

NADIA AGUSTONI: Brunella Antomarini and Berenice Cocciolillo
ANTONELLA ANEDDA: B.Cocciolillo
GIAN MARIA ANNOVI: B. Cocciolillo
MARIO BENEDETTI: B. Antomarini and B. Cocciolillo
ANTONIO BUX: Gabriele Poole
BIAGIO CEPOLLARO: Riccardo Pugliese
VLADIMIR D'AMORA: B. Antomarini and B. Cocciolillo
ROBERTO DEIDIER: B. Antomarini and B. Cocciolillo
STELVIO DI SPIGNO: R. Pugliese
ANNA MARIA FARABBI: B. Antomarini and B. Cocciolillo
PAOLO FEBBRARO: Anthony Molino
SILVIA FIORENTINO: B. Antomarini and B. Cocciolillo
MARIANGELA GUATTERI: B. Cocciolillo
ANDREA INGLESE: B. Antomarini and B. Cocciolillo
BIANCA MADECCIA: B. Cocciolillo
GIAMPIERO NERI: B. Antomarini and B. Cocciolillo
GIULIA NICCOLAI: Diedré Blake
SANDRO OLIMPI: Loredana Mihani
UMBERTO PIERSANTI: B. Antomarini and B. Cocciolillo
ELENA BUIA RUTT: L. Mihani
FRANCESCO SERRAO: B. Antomarini and B. Cocciolillo
IDA TRAVI: Thomas Bailey
GIACOMO TRINCI: G. Poole

We thank Silvia Bre, Lidia Riviello, Emilio Mazzoli, Pio Monti, for their suggestions and support to our ongoing project; Tom Bailey, Diedré Blake, Loredana Mihani, Tony Molino, Gabriele Poole, Riccardo Pugliese for their beautiful translations.

CREDITS

The poems in this collection have been previously published in the following volumes:

N. Agustoni: *Il mondo nelle cose*, LietoColle, Falloppio, 2013.

A. Anedda, "Nights of Western Peace" and "1999": *Notti di pace occidentale*, Donzelli, Roma, 1999; "Attittos": *Dal Balcone del corpo*, Mondadori, Milano, 2007; "Choir": unpublished. "Informazioni interne": *Salva con nome*, Mondadori, Milano, 2012.

G.M. Annovi: *Italics*, Nino Aragno Editore, Torino, 2013.

M. Benedetti: unpublished.

A. Bux: *Sistemi di disordine quotidiano*, Achille e la tartaruga edizioni, Torino, 2015.

B. Cepollaro: *La curva del giorno*, L'arcolaio, Forlì, 2014.

V. D'Amora: *Pornogrammia*, Emilio Mazzoli editore, Modena, 2015.

R. Deidier: unpublished.

S. Di Spigno: *La nudità*, peQuod, Ancona, 2010.

A.M. Farabbi: "What should I": *Il segno della femmina*, LietoColle, Falloppio, 2000; "Dear mother": *solo dieci pani*, LietoColle, Falloppio, 2009; "The roses explode"; "every time you start": *Abse*, Il Ponte del Sale, Rovigo, 2013; "What the wind says": *leièmaria*, LietoColle, Falloppio, 2013.

P. Febbraro: *Fuori per l'inverno*, nottetempo, Roma, 2014.

S. Fiorentino: *Spazio dentro della vita*, Aracne, Roma, 2010.

M. Guatteri: *Tavola delle materie* (diyfferix 2012:
   http://issuu.com/differx/docs/tavoladm?e=1346913/51398469)

A. Inglese: *La grande anitra*, Oèdipus, Salerno, 2013.

B. Madeccia: unpublished.

G. Neri: "In that hard time", "The wide courtyard...", "Of that twentieth century style fountain": *Il professor Fumagalli e altre figure*, Mondadori, Milano, 2012; "That the second part..." and "We reflect upon the defeat", unpublished.

G. Niccolai: unpublished.

U. Piersanti: unpublished.

E. Buia Rutt: "Paestum Temples": *Ti stringo la mano mentre dormi*, fuorilinea, Roma, 2012; the others are unpublished.

F. Serrao: *Tra notte e mattina*, Garzanti, Milano, 1985.

I. Travi: *Tà - poesia dello spriraglio e della neve*, Moretti&Vitali Editori, Bergamo 2011; *Il mio nome è Inna*, Moretti&Vitali Editori, Bergamo, 2012.

G. Trinci: *Inter nos*, Nino Aragno Editore, Torino, 2013.

InVerse 2014

Mario Benedetti

Cosa devo guardare per sentire che non è così vero,
e riuscire a spostarti nelle faccende di casa,
a risospingerti lungo le strade. E tra le righe
vicine dei capelli guardo i sentieri del sottobosco
ingiallito. E riesco a vedere i vicoli di Napoli,
gli anni Trenta, i gatti, le gonne lunghe di una ragazza.
E tu mi dici: tu lo sai che è vero, tu resta forte e sereno,
quanti giorni hai davanti! Io sono morta di lunedì,
tu sei arrivato a guardarmi, ero una cosa vestita
con l'abito blu che mi avevi regalato e tutto il ricamo
del foulard. Così tanto elegante, così tanto bello.

What should I look at to feel it's not so true
and move you to the house chores,
to gently push you out to the streets. And I watch
the paths of the faded underbrush in the closely drawn
hair partings. And I can see the alleys of Naples,
the thirties, the cats, a girl's long skirts.
And you tell me: you know it's true, keep strong and calm,
so many days have you ahead! I died on one Monday,
and you came to look at me, I was a thing in that blue
dress you gave me and all that embroidery
in my scarf. So very elegant, so very beautiful.

Quegli anni non sono mai stati per te che non ci sei più.
Le parole in fila mostrano la pioggia sulla strada e nei campi.
Gli occhi che guardano scriverle non ci saranno. La strada
ha gli alberi lontani, l'erba è alzata a respirare, a respirare
come uno di noi. È giusto che io non veda questo mai più.

Those years have never been for you who are here no more.
Words in a row show the rain in the street and in the fields.
There won't be eyes to look at them being written. The street
has faraway trees, grass is raised to breathe, to breathe
like one of us. It is right for me not to see this ever again.

Il padre calzolaio a Monteprato e la madre un altare.
Ma non ha senso parlarci, fare finta che rivivendo l'altro
sopravviva. Comunque Dino ha affittato la casa da me.
Due fratelli, i cetrioli a morsi, davvero pochi i soldi.
Cento lire nella briscola a 31, timide le braciole e il vino
lungo il torrente. Timido il guardarti con Carmen e Catai.
Cinquant'anni, il mangiare poco e il bere, dopo Dino
la morte era suo compito prenderti si è continuato a dire.

His father a shoemaker at Monteprato and his mother an altar.
But it's nonsense to talk to them, pretend that reliving
the other survives. Anyway Dino rented the house from me.
Two brothers, cucumbers to bite, really little money.
One hundred lire at briscola 31, coy chops and wine
along the torrent. Coy staring at you with Carmen and Catai.
Fifty years, scant eating and drinking, after Dino
it was death's task to take you, they kept saying.

Perché vedo ancora lapidi da mettere a posto
quando non c'è più nessuno? Le flebo di morfina
erano per la cosa che non sentiva niente. Terra
che ci hai voluto, con le richieste di una casa,
e di un affetto, e di comodità, l'ultima domanda
è solo un ostacolo per il continuo affaccendarsi?

Why do I still see tombstones to fix
when nobody's there any more? Morphine drips
were for that thing that felt nothing. Oh earth
that wanted us, asking for a home,
and affection, and comforts, is this ultimate question
just a hindrance for this constant bustling about?

Ritornare nei giorni, mandarli avanti.
Anni fa, adesso, domani. Era così
per te, è così per tutti? Stare nelle ore
per altre ore, nei giorni che ci saranno.
E dire dei morti come se fossero
ancora dei vivi, come è necessario
sorridere quando si è in compagnia.

Returning into days, pushing them ahead.
Years ago, right now, tomorrow. Was it so
for you, is it so for everyone? Staying in hours
to get more hours, in the days to come.
And talking about the dead as if they were
still alive, how necessary it is
to smile when we have company.

Nadia Agustoni

venerdì

scavava arance col cucchiaio
e malta nel cortile con dita
sbucciate, dai balconi coglieva
l'odore di terra verde
coi germogli:
la vita era torace e ossa
andavano magri
al controcanto di fabbriche
li prendeva nella schiena
un mare rosso
con foglie di vite e uva nera
li incoronava.

friday

he would dig oranges with a spoon
and mud in the courtyard with scraped
fingers, from balconies he would smell
the scent of green soil
with its buds:
life was chest and bones
they went by slim
to the countermelody of factories
a red sea would catch them
from the back
with vine leaves and black grapes
it would crown them.

si sgrana nel ricordo
un altro colore
ocra e salvia nelle periferie
nelle case finestre che ci guardi dentro
e il rumore del buio
un verbo di scale
ma lungo la Dora
una città creatura Torino
e giardini sono il provvisorio
il tram che suona
battaglie d'aria
e parole fino alla voce.

gli scende
vela nel piede
(e un delta di pietà
come il cane che guarda)
la realtà del giorno era il giorno
sul vetro vento e petali
sono altro vento altri petali
in autogrill sulla Cisa
verso il mare
riempiono i capelli
a ogni specchio brillano
come ferite.

in the memory
another color is blurred
ochre and sage in the outskirts
in the windows that you look inside
and the noise of darkness
a verb of stairs
but along the Dora river
Turin, a creature city
and gardens are all temporary
the streetcar that honks
battles of air
and words up to the voice.

A sail descends
inside his foot
(and a delta of pity
like the watching dog)
the reality of the day was but the day
on the glass, wind and petals
more wind and more petals
on the roadside up the Cisa mountain
toward the sea
they fill the hair
at every mirror they sparkle
like wounds.

era qualcosa nel freddo
il colore della nafta e cisterne
l'agonia dell'aria sui cancelli
  – ma il cuore degli uomini se graziato
risponde con un mantra di sirene
di fabbriche e vento sporco –
e i camion sulla camionabile
coi clacson cantavano il purgatorio:
"Dante quassù avrebbe sognato
la fissione dell'atomo o Hiroshima",
e di nuovo autostrade
un valico a nord ovest
con la terra azzurra
il cielo azzurro di Vicchio
e sopra l'Appennino,
nel temporale, quella luce
affrancata dal bene
così limpida.

it was something in the cold
the color of fuel oil and tanks
the agony of air on gates
 – but men's hearts, if pardoned
answer with mantras of factories
sirens and dirty wind –
and trucks on the truck road
sang the Purgatory with their horns:
"Here Dante would have dreamt
of nuclear fission or Hiroshima",
and highways again
a passage to north-west
with the blue earth
and the blue sky of Vicchio
above the Apennine,
in the storm, that light
freed from goodness
and so clear.

non pensava che il dolore apre
all'estraneo – si è vivi
coi vivi ai morti balbettiamo
piccole somme di noi –
e col becchime parlava
nelle mani dove la gabbia finiva
e la luce non vedi cosa porta:
più dura del buio.

he didn't think that pain opens up
to the stranger – one is alive
with the alive, to the dead we
stutter small amounts of us –
and he talked with birdseed
in his hands where the cage ended
and you don't know where light leads:
harder than darkness.

era solo coi nidi e le piante
tavole di legno nell'orto
parlando di formiche
risaliva il formicaio
(gettava mollica e il secco
del cuore) irrorava
con lo spray, senza compiere
nulla, sembrava calligrafia:
a volte si pensa nelle parole
sente le parole staccarlo.

he was lonely with nests and plants
wooden tables in the orchard
talking about ants
he would go up the anthill
(he would throw crumbs and the dryness
of heart) he would sprinkle
with spray, without concluding
anything, it looked like calligraphy:
sometimes he thinks through words
and feels words tear him off.

Anna Maria Farabbi

Cosa portargli se non quattro elementi per cena
e l'animale rosso che batte
sangue
dentro le mie costole.
Aprirò il pane con un solo taglio
di lingua.
Il suo petto
con la mia nudità regale.

Offrirò gli anelli
della mia spina dorsale
i miei diecimila anni per terra. Quello che vuole:
entrare:

un lunghissimo viaggio preistorico
dentro la mia aorta
meraviglia.

What should I bring to him but four elements for dinner
and the red animal beating
blood
inside my ribs?
I will open up the bread with one cut
of the tongue.
And his chest
with my regal nakedness.

I will offer the rings
of my backbone
my ten thousand years on the ground. What he needs:
to go inside:

a very long pre-historic journey
inside my aorta
wonder.

Cara mamma, ho imparato
a mangiare la neve
perché ho piantato in me il fuoco,
in permanenza.
Il mio dito è diventato solo, libero, poverissimo.
Domani il resto del mio corpo
scenderà la montagna,
ruminando il vuoto dell'eremo.
Il viaggio è ancora lungo
nel profondo.

Dear mother, I have learned
to eat snow
because I have planted fire in myself,
in persistence.
My finger has grown lonely, free, dirt poor.
Tomorrow the rest of my body
will go down the mountain,
munching the void of the cloister.
The journey into the depth
is still long.

ANNA MARIA FARABBI

Le rose esplodono. Con la bambina in corsa
che le stringeva in pugno
portandole ridendo a sua madre.
Nel sogno la ricompongo. Piango.
Divoro i petali   e l'intera primavera.
Il soldato mi chiede i documenti del mio pellegrinaggio:
vengo dal petto della madonna del latte
camminando il solstizio d'inverno l'età della pietra
e della mia natività. Passata presente e futura.
Vengo dalla cultura della madre
che soffia polline fosforico dentro il buio di ogni grotta
e riconosce uguali ebrei palestinesi preti di cristo
tu e io nessuno escluso.   Il tempio
è il tempo: un'unica cosmica pancia dentro cui nevica.
O sono falde condensate di latte che scendono ora
coprendo per pietà il sangue
tra le rovine e i morti: il soldato mi spara.

Io sono la bimba o sono la rosa del rogo
nella striscia infernale di Gaza
durante questo eterno assassinio di massa:
in nome del padre del nonno del figlio
del profeta   rabbino papa o patriarca
lanciando il sasso lo sparo   la bomba atomica.
Io sono una piccola poesia femmina di voce o di carta
un palmo laico in offerta   contro vento
contro il delirio dell'io del d/io
contro la cultura del lutto e del possesso.

> *diario di un sogno emorragico*
> *da Gaza al resto del mondo*

The roses burst out.   With the running girl
holding them tight in her hand
while bringing them to her mother.
I recompose her in my dream.   I weep.
I devour the petals   and the entire springtime.
The soldier asks for the documents of my pilgrimage:
I come from the chest of the madonna of the milk
walking through the winter solstice the stone age
and my nativity. Past present and future.
I come from the mothers' culture
blowing phosphorous pollen in the dark of each cave
and recognizing jews and palestinians and christ's priests as alike
you and me and none excluded.   The temple
is the time: one only cosmic belly where it snows inside.
Or they are dense layers of milk pouring down now
and out of pity covering blood
among ruins and the dead: the soldier shoots at me.

I am the girl or I am the rose of the pyre
in the infernal Gaza strip
during this endless mass murder:
in the name of the father the grandfather and the son
of the rabbi prophet   the pope or the patriarch
throwing a stone a gunshot   an atomic bomb.
I am a little female poem made of voice or paper
a lay hand palm offered   against the wind
against the frenzy of the I of the god
against the culture of loss and possession.

diary of a hemorrhagic dream
from Gaza to the rest of the world

ogni volta che prendi la parola
convochi i tuoi antenati
verso cui devi rendere conto:
ascolta la tua eredità con l'orecchio in terra

quando nasci la parola in bocca
sia un'uccella morbida e precisa
che canta aria cosmica   anche in dialetto

scriverai il tuo poema umilmente con la lingua nell'argilla
perché sei poeta animale femmina
povera selvatica ed eretica

sui fondali del cimitero di Montelovesco vive
il tuo unico matriarcale nido
tu migra lontanissimo ma abbi la sapienza di tornare

mentre il paese si sfascia continua a crederlo
lavora alle radici dell'io e del noi   crea l'arca interiore
dal molteplice all'unità profonda
profonda la tua poiesis sia il tuo testamento.

                    liturgia del mio Appennino Umbro.

every time you get the word in
you conjure up your ancestors
to whom you must explain yourself:
listen to your legacy with an ear on the ground

when you give birth to the word in your mouth
be it a soft and precise she-bird
singing cosmic air   even in a dialect

you will humbly write your poem with your tongue in clay
as you are a female animal poet
poor wild and heretic

only in the depth of Montelovesco cemetery lives
your matriarchal nest
migrate as far as you can but have the wisdom to come back

while the village falls to pieces keep believing it
work at the root of your I and of our we   make an inner ark
from multiplicity to deep unity
your deep poiesis be your legacy.

liturgy of my Umbrian Appennines.

dice il vento che dovrei seguire l'odore della neve
per trattenere nei polmoni il discorso della montagna
e convocare le lupe attorno al fuoco cantando con loro
quella sciabola lucente che spacca la notte sopra la capanna

dovrei chiudere gli occhi e contare le stelle a cuore nudo
con lentezza esatta e memoria
e non chiedermi   perché la morte nella distanza cosmica
diventa fosforica
così come la mia preghiera   sciolta ora nel carminio dell'aorta
mentre viaggia interiormente viaggia   fino a Betlemme
passando per la striscia di Gaza
piede tra i piedi della gente licenziata terremotata profuga perseguitata

povera povera   morta morta
deposta tra le tue braccia

madonna dell'ombelico che crei la nascita
spalancala in me perché io senta
la potenza del mio intimo vagito
la tensione nutriente del cordone tra te e me
l'energia della gioia profonda profonda   sorgiva
malgrado tutto.

                    natale: verso il presepe interiore.

what the wind says is I must follow the scent of the snow
to hold in my lungs the sermon of the mountain
and gather the she-wolves around the fire singing with them
that sparkling saber which splits up the night over the hut

I should close my eyes and count the stars with a naked heart
with exact slowness and memory
and don't ask me   why death in the cosmic distance
becomes phosphorous
as well as my prayer   melted now in the carmine of my aorta
while traveling inside   travels to Bethlehem
passing through the Gaza strip
foot among feet of fired wrecked refugee people

poor so poor   dead so dead
laid down into your arms

madonna of the navel who creates birth
spread it inside me and make me feel
the power of my inmost wail
the nourishing tension of the umbilical cord between you and me
the energy of joy deep so deep   like a spring
in spite of it all.

christmas: toward the inner nativity scene.

Giacomo Trinci

ogni pochino un crampo, un chiodo al senso:
qualcosa vorrà dire questo mio corpo,
idealisti noi, che diamo retta solo alla testa,
al regno delle idee,
e non al fatto curvo, allo spettro del corpo che ci opprime,
e ci sderena e ci butta di sotto al pio pensiero,
fragile e debole non curiamo il crepito che sordo
ci dirupa, forse, giorno dopo giorno, e frana d'ogni slancio,
in alto il cielo, sì, stellato e splendido,
e dentro la legge costale, gli ossi, teneri e gentili,
duri e frali, poveri fogli andati,
canti di kant compiti e semestrali,
imperativi che, perenti e guasti,
ricordano dai cieli i miei disastri...

every little while a cramp, a nail in the sense:
this body of mine must mean something,
we're idealists, we who only listen to the head,
to the domain of ideas,
and not to the bent fact, to the ghost of the body that oppresses us,
and busts us and flings down to the pious thought,
fragile and weak, we do not heed the dull crackling
that tumbles us down, perhaps, day after day, undermining all effort
high above the sky, yes, starred and splendid
and within, the ribby law, the bones, tender and gentle,
hard and frail, poor bygone sheets,
kantian cantos all proper and semestral,
imperatives that, eternal and rotten,
echo my disasters from the heavens...

– il male si frena, la linea si sposta di poco,
ma gli affari si son consumati le vite,
ma le scarpe dei giorni, spuntate,le pale,
scavare, seppellire ossi e pelle sotto,
sottostare al dominio, stare al giogo,
scherzare al demonio sferzare la giostra
dei riti borsisti, al rialzo del gioco,
il demanio si sfrena e si lega alla pelle
sarcastica d'ira, di rabbia la schiuma.
l'imbelle sovrano statistico beve,
si sposa la linea di sempre, gli affari
sono affari, si sa, si sta come, bava
di vento le voglie, si sfila chi bara
d'autunno di lento le foglie a gara
sta tisico coma statistico al giorno,
e tutto sderena all'indietro s'imposta
la fede sovrana, la dea mercatalia d'italia. –

– the illness slows down, the line moves a little,
but business has burnt out our lives,
but the shoes of the days, worn out, and the shovels,
dig, bury bones and skin underneath,
submit to dominion, bearing the yoke,
play the demon leash against the merry go round
of the broker's rites, raising the bet,
the government goes wild, gets under the skin,
sarcastic with rage, with anger the foam
is drunk by the ignorant king of statistics,
we follow the usual line, business
is business, we know that, we are like,
lust blown by the breeze, those who cheat leave,
in autumn slowly the race of the leaves
consumptive coma to the daily statistics
the sovereign faith is dominant busting
behind us, the marketing goddess of italy. –

hai l'anima che ti meriti, sì,
è quindi inutile retorizzare
di un'altra più pura che attende lì
la sua bella parte, e intanto abiurare
viltà, paure, tremiti, per chi
già in posa ci condanna di strafare
in mille acrobazie d'ansia e di sì
non più veri. è tutto vero il disfare
nel giorno dopo giorno l'inquilina
del corpo sussiegosa, e di quei modi
virtuosi abbassare la cresta,
finché la rosa sola senza spina
rimanga intera ed umile riannodi
il dio perduto all'uomo che gli resta.

you've got the soul you deserve, yes,
so no point in rhetorical considerations
of a purer one waiting down there
the beautiful side, and meanwhile renounce
all cowardice, fear, trembling, for one
who striking a pose condemns us to strive
through hoops of anxiety and yesses
no longer true. all true the undoing
day after day of the disdainful presence
that inhabits the body, the virtuous
way of humbling oneself
until the lonely rose without thorn
stays whole and humbly reconnects
the lost god to the man that is left to her.

– se ripenso a quante volte la vita
ho staccato dal resto e consegnata
all'inumano regno cenobita
del sonno, ed ho staccato dalla rata

dei giorni dopo i giorni la stanchezza,
più non temo la morte che mi affanna;
sarà solo più forte la gravezza,
ma dello stesso tono quel che azzanna – .

– if I think of all the times I detached
life from the rest and consigned it
to the inhuman hermit
of sleep, and I detached from the instalment

of days after the days the fatigue,
no longer do I fear the death that makes me pant,
only the burden will be heavier,
on the same note the sinking fangs – .

Barbone

che delizia la mente
che mi fa compagnia!,
mentre vago, mentre blando
con l'animula vado,
perlustrando le strade,
che lavoro d'intorno,
mentre muovo le tende del pensiero,
le svolgo, le rivolgo
piacevoli a voi, e mi sento bene,
qui con voi, mi vedo minimo me
e tutto voi, mi strego e m'incanto,
come se fossi libero davvero,
da ogni condizione che mi condiziona,
da ogni giogo che trasformo in gioco,
grazie alla mente che non è più mia,
ma in svendita felice che si sconta,
fuori stagione fuori sé,
dissolta forse, oppure già disalienata,
questa mattina di promessa e pace,
ogni mattina è di promessa e spinge
come se avanti si trovasse il sale,
il senso, il tondo paradiso
degli amori infantili,
costumi non più lisi, paradisi,
forse sono promessi dalla mente,
che solstizia, volge il tempo, la stagione,
poi si muore e si rinasce, e sempre verde...

Hobo

what a delight the mind
that keeps me company!
as I wander, as I ease
with my small soul I go,
exploring the streets,
that I work around,
as I move the curtains of thought,
I pull them and turn them
nicely to you people, and feel good,
here with you,
bewitched and enchanted,
as if truly free,
from all limits that limit me,
all the yokes I turn into jokes,
thanks to the mind that's no longer mine,
but on sale happily at a discount,
out of season, out of mind,
dissolved perhaps, or already dis-alienated,
this morning of promise and peace,
every morning is of promise and pushes
as if ahead you would find the salt,
the sense, the rounded paradise
of childhood loves,
costumes no longer worn out, paradises,
promised perhaps by the mind,
that solstices, turns time, the season,
then dies and is reborn, ever green...

Ida Travi

(dorme il bambino)

Dorme il bambino, dorme
fasciato nel grande cucchiaio
Noi dormiamo di sopra
rigidi come bacchette
Io sono protetta
sono protetta dalla mosca e dal mulo

Sotto il lenzuolo c'è il tempo
s'è risvegliato il tempo
s'è alzato con un tuffo nelle vene

Piano tu accendi il fiammifero
mentre si spegne il fiammifero
mentre si spegne il fiammifero
piano s'accende il giorno
è giorno

(the baby sleeps)

The baby sleeps, he sleeps
swaddled in the big spoon
We sleep above
stiff as chopsticks
I am protected
protected from the fly and the mule

Under the sheet there is time
time has reawakened
it has risen with a dive into the veins

Gently you light the match
while the match goes out
while the match goes out
gently the day lights up
it is daylight

(il vestito di Nikka)

Il vestito di Nikka se l'è preso il vento
È entrato, come se fosse lui il padrone, qui

Cosa se ne fa del vestito d'una vecchia
mi sai dire?...

Vuole solo prenderci qualcosa
vuole solo rubarci qualcosa

Sono nata e nessuno m'ha detto niente
c'era questo animale dappertutto
sulle fasce, sulla croce, in fondo alle calzine

La luce artificiale mi metteva fame
mi metteva sete, sempre la stessa
fame, sempre la stessa sete....

(Nikka's dress)

The wind has taken Nikka's dress
It came in, as if it were the master, here

What will it do with an old woman's dress
can you tell me?...

It wants only to take something from us
it wants only to steal something from us

I was born and no one told me anything
this animal was everywhere
on the bandages, on the cross, inside the socks

The artificial light made me hungry
made me thirsty, always the same
hunger, always the same thirst...

(tutto era a posto)

Tutto era a posto, tutto era perfetto
poi è venuto l'uomo con la falce
e s'è preso le nostre fragole

Allora sono scesa dalla sedia regina
alzando le braccia al cielo
Sono scesa dalla sedia regina
portando le mani al petto

Tutto era perfetto, cento colombe alte
sono volate in cielo, come un ventaglio
in cielo, le fragole antiche dormono
nel fazzoletto nuovo.

(everything was in order)

Everything was in order, everything was perfect
then came the man with the sickle
and he took our strawberries

So I got down from the queen's chair
raising my arms to the sky
I got down from the queen's chair
drawing my hands to my chest

Everything was perfect, a hundred tall doves
flew up into the sky, like a fan
in the sky, the ancient strawberries sleep
in the new handkerchief.

(poi ti abitui)

Poi ti abitui. Le cose passano
ti abitui. La mosca passa davanti al naso
la vedi sparire, ti abitui

come una candela, ti abitui, sono cose
che non puoi rompere

Quando il pettine cade ti abitui
è caduto il pettine, tutto qui
è caduto per la testa troppo alta tra le stelle

Le stelle passano, ti abitui, il camicino
passa davanti agli occhi, come una volta
come una volta la terra ruota
il carro è triste, triste.

(then you get used to it)

Then you get used to it. Things pass
you get used to it. The fly passes in front of your nose
you see it disappear, you get used to it

like a candle, you get used to it, they are things
that you cannot break

When the comb falls you get used to it
the comb fell, that's all
it fell because your head was too high among the stars

The stars pass, you get used to it, the little shirt
passes in front of your eyes, like it once did
like it once did the earth turns
the wagon is sad, sad.

(ritorna in te)

Ritorna in te, tògliti dalle rose

Alte nella loro natura
svettano nel colore
come irriducibili bandiere

Non puoi discutere con le rose, Inna
hanno sempre ragione loro.

(snap out of it)

Snap out of it, get out of the roses

Tall in their nature
they stand out in color
like indomitable flags

You can't argue with roses, Inna
they are always right.

Biagio Cepollaro

il corpo scrive il suo poema e lo fa a giornate
questa è la sua scansione accordata al pianeta
e alle stelle che gli coprono il sonno
ogni mattina prova a riprendere dove
di sera aveva lasciato talvolta aspetta
che asciughi talvolta mescola e sovrappone

the body writes its poem, day by day
such is its meter, tuned to the planet
and to the stars shrouding its sleep
each morning it tries to take up where
it left off at night sometimes it waits
for it to dry sometimes it mixes and overlaps

il corpo fa del pensiero un modo per meglio
godere della luce: trattiene tra le sue dita
e accarezza così come può fare l'ultimo
riflesso prima di sparire dallo specchio
questo ha sapore e questo sapore è l'unico
sapere che sa: il resto è scala da rigettare

the body turns thinking into a better vehicle
for the enjoyment of light: it grasps with its fingers
and caresses – best as it can – the last
reflection before disappearing from the mirror
such is the flavor and this flavor is the only
thing it knows: the rest is a ladder to throw down

il corpo abbastanza tranquillo sulla sua possibilità
di sopravvivenza sente l'immediato come un respiro
donato e un distendersi nella luce e nelle ombre del parco
altri corpi quasi nudi si offrono al sole e vivono tutti
dentro una parentesi aperta tra la fontana e la strada
il piacere a piccole dosi irrompe nella smemoratezza
delle vite: morire diventa ancora possibile e ci si ferma

the body – rather confident about its survival –
perceives the immediate as a gifted breath,
and as the laying down in the light and shade of the park
other almost nude bodies are offered to the sun and all live
inside a parenthesis between the fountain and the street
pleasure in small doses breaks into the forgetfulness
of life: dying is still possible and one halts

il corpo svegliandosi nel sorriso dell'altro si raccoglie tutto
come semplice e nuda vita: le sue pulsazioni sono gli accenti
di un dire che conclude la frase solo per ricominciarne un'altra
il flusso che lo innalza è lo stesso che ha spinto la notte
fino alla sua placida estenuazione: la luce è fiato che riprende
è la pacifica neutralità delle cose del giorno

the body wakes up in the smile of another and embraces itself
like simple, naked life: its throbbings are the accents
of a saying that ends the sentence only to begin another
the stream that exalts it is the same one that pushed the night
into peaceful exhaustion: light is catching breath
it's everyday life's placid neutrality

il corpo non chiede al verso di mentire e di rendere
importante quello che è solo un gioco di parole chiede
solo modo di spandersi nel suono e nell'immagine così
come si spande in altro corpo mescolando sempre
all'ascolto il piacere di dimenticare sé in altro nome

the body does not ask the verse to lie and to make
a trivial play on words important it just wants
to expand in sound and image like
it does in another body always mixing in as it listens
the pleasure of forgetting itself within another name

Giulia Niccolai

New frisbees

Franca Rovigatti torna da Zanzibar
con delle infradito:
la suola di copertone
e sopra, in plastica verde,
un ciuffo di foglie
di marijuana.

E Paola commenta:
un classico dell'atelier
Marie Jeanne Michelin!
*

Spedisco due libri ai Prof. Giovanni Bertone e Gino Ruozzi.
Per farlo, mi servo della cassetta postale di Piazza Baracca.
Il giorno successivo la cassetta non c'è più.
Avranno rottamato anche i miei libri?
E cosa vorrà dire il fatto che mi succedono queste cose
impensabili, ora che ho 78 anni, e mai prima, in tutta la vita?
*

Tutti gli amici più giovani di me sembrano diffidare di quanto dico.
È perché sono vecchia o perché dico sempre cose strampalate?
Ma anche il taxista, che non mi conosce, non mi prende sul serio.
Buon segno!
*

Gianni Buttafava legge il frisbee delle infradito
e dice: Lo sai che in Francia hanno fatto
dimagrire l'omino Michelin?
Sì, per la campagna contro l'obesità.
*

Monica Palma mi regala questo frisbee: four two nata!
Lo sono, eccome se lo sono!
Ma lei l'ha rubato a Ollio e Stanlio?

New frisbees

Franca Rovigatti just back from Zanzibar
wearing flip-flops,
with rubber soles made of car tires
and topped off, in green plastic,
by a tuft
of marijuana leaves.

And Paola comments,
"A classic from the atelier
of Marie Jeanne Michelin!"
*

I ship two books to Professors Giovanni Bertone and Gino Ruozzi.
To do that, I use the mailbox in Piazza Baracca.
The next day the mailbox is no longer there.
Could it be that they have also gotten rid of my books?
And really what might it mean that these unthinkable things are happening
to me, now that I'm 78, things that never happened in my life?

All of my younger friends seem to be wary of what I say.
Is it because I'm old, or because I'm always saying eccentric things?
But even the taxi driver, who doesn't know me, doesn't take me seriously.
A good sign!
*

Gianni Buttafava reads the Frisbee of the flip-flops
and says, "You know that in France they have made
the Michelin Man lose weight?"
"Yeah, for their campaign against obesity."
*

Monica Palma gave me this Frisbee as a gift: four two nate!
I am, sure I am!
But did she steal it from Laurel and Hardy?

Una sessantenne alla cassa
del Supermercato. Invece di dire
quanto devo? dice: vorrei un caffè.
Il giovane cassiere le sorride
e risponde: pensare che ho sempre
voluto fare il barista!
Un caso, o con la crisi stiamo
diventando più umani?
*

Sempre Franca
chiede a una giovane
di nome Allegra,
se è contenta di chiamarsi
Allegra. Sì, risponde allegra
la giovane, anche perché
altrimenti mi avrebbero chiamato
Aliante.
*

Incrocio per strada
un senegalese in maglietta
con la scritta:
LIKE WHAT
YOU SEE.

Alessandro Giammei
mi aveva già regalato
l'oggetto frisbee
della N. Y. U.
Ora me ne regala uno
di parole: "Non riesco
a non prenderti sul serio
quando mi fai ridere".
A Mosca, a Mosca!
(Per la gioia delle tre sorelle).
La laurea, la laurea!
(Per la mia).

A sixty-year-old at the checkout
in the supermarket. Instead of saying
"How much should I pay?" she says, "I would like a coffee."
The young cashier smiles at her
and says, "And to think that I have always
wanted to be a barista!"
A coincidence, or are these times of crisis
making us more human?
*

Always Franca
asks a schoolgirl
named Allegra,
if she's happy to be called
Allegra. "Yes," the schoolgirl replies
cheerfully, "also because
otherwise they would have called me
Glider."
*

On the street
I cross paths with a Senegalese man in a t-shirt
that says:
LIKE WHAT
YOU SEE.

Alessandro Giammei
has already given me
the Frisbee thing
from N.Y.U
Now he gives me one
of words: "I'm not good at
not taking you seriously
when you make me laugh."
To Moscow, to Moscow!
(To the delight of the three sisters).
The degree, the degree!
(To my own delight).

*

Quando un'amica o un amico
ti dice di aver trovato
e comprato un tuo librino
degli anni Settanta,
non sai se esserne felice
o infelice.
Librino ritrovato perché
qualcuno l'ha buttato.

*

In prima media al Parini
mi rovinai anche i successivi
due anni (sempre esami a ottobre),
andando alla cattedra
dal prof. Casonato (bravo e severissimo)
per chiedergli cosa volesse dire quel
"porcella" nel primo esercizio
di traduzione dal latino
all'italiano – in quella famosa
antologia con la scritta in verde
in copertina.
"P R O C E L L A" sillabò sibilando.

*

Sono passati quasi settant'anni.
Da più di vent'anni non leggo i giornali.
(Mi arrabbiavo troppo).
Così ora, non so cosa sia
il PORCELLUM.
Legge del Karma?
Legge di causa/effetto?

*

Alla mia età tornano in mente
questi aneddoti di un lontano passato.
In seconda ginnasio, al secondo trimestre,
dovevo rimediare un 4 in storia.
All'interrogazione la Prof.
mi chiese: Dove abbiamo cominciato
la storia quest'anno?
Terrorizzata risposi:
all'inizio del libro.
Venni mandata dal preside
per insolenza e insubordinazione.

*

When a male or female friend
tells you about finding
and buying a chapbook of yours
from the Seventies,
you don't know whether to be happy
or unhappy.
A chapbook rediscovered because
someone had thrown it away.
*

In sixth grade at Parini
I also ruined myself for the next
two years (usual exams in October),
going to my teacher's desk
Mr. Casonato (capable and very severe)
to ask him what that
"porcella" meant in the first
translation exercise from Latin
to Italian – in that famous
anthology with the green writing
on the cover.
"P R O C E L L A" he spelled out hissingly.
*

Almost seventy years have passed.
I haven't read the newspapers in over twenty years.
(I would get too angry).
So now, I don't know what
the PORCELLUM is.
Laws of Karma?
Laws of cause and effect?
*

At my age anecdotes from a distant past.
Come to mind.
In tenth grade, in the second quarter,
I needed to make up an F in History.
During the oral exam the teacher
asked me, "Where did we begin
with History this year?"
Terror-stricken I responded,
"At the beginning of the book."
I was sent to the principal
for insolence and insubordination.

Ma quando qualcuno chiese
a quella stessa Prof.
perché Dante si lamentasse
del pane salato, lei rispose:
perché ci piangeva sopra disperato.
Nessuno la mandò dal preside.
*

Questi ultimi frisbees
credo di averli scritti
per rispondere e spiegare
ad Alessandro Giammei
la ragione per cui non riesca a
non prendermi sul serio
quando lo faccio ridere.
*

Per fortuna il mio disadattamento
in mezzo secolo si è trasformato
in distacco. È ciò che mi rende poeta?
*

Per tutto il resto c'è Master Card.

But when someone asked
that same teacher
why Dante complained
of the salty bread, she responded,
"Because he cried over it desperately."
No one sent her to the principal.
*

These last Frisbees,
I believe I've written them
to respond and to explain
to Alessandro Giammei
the reason he cannot manage
to not take me seriously
when I make him laugh.
*

Fortunately my maladjustment
in half a century has turned itself
into detachment. Is it that which makes me a poet?
*

For everything else, there's Master Card.

Andrea Inglese

La grande anitra

Siamo dentro un'anatra cotta
come Giona nel ventre della balena ma è un'anitra cotta
io Minnie e il guardiano notturno
                    (citerò a tempo debito
                    Assessorato Caccia Pesca e Polizia Provinciale)

non mi piace un bel niente

nell'anatra nulla continua ad essere come prima
mi meraviglierei che le nostre carte
d'identità le password i codici pin
avessero validità
qui dentro

l'anatra è cotta sofisticata con tutto ciò
che la cottura e l'anitra e la nostra nuova
inconcepibile
minima fantasiosa taglia
comporta

(quanti centimetri il diametro
di cranio nuovo e il numero di scarpe?)

a meno che sia il nostro
non rimpicciolimento
ma ingigantire d'anitra
sorta di Anàtide in continuo
gonfiamento espansione
come l'universo accelerato
che ovunque tende allo strappo

e noi privilegiati viaggiatori
dentro quest'anitra diretta
al progressivo ampliamento

                    (anitra-metropoli, favela, eldorado)

The Big Duck

We are inside a baked duck
like Jonah in the belly of the whale but it's a baked duck
Minnie and I and the night watchman
      (in due time I will sue
      the Department of Hunting and Fishing and the Provincial Police)

I don't really like it here

in the duck nothing keeps being the same
I would be surprised if our identity
cards our passwords and pin codes
had any value
in here

the duck is baked and sophisticated with all
that the cooking and the duck and our new
inconceivable
least fanciful size
imply

(how many inches is the new skull's
diameter and what shoes size?)

unless it is not our
shrinking
but rather the duck ballooning
a sort of Anatidae in constant
swelling expansion
like the accelerated universe
everywhere inclined to rip

and we the privileged travelers
inside this duck headed
to its progressive enlargement

      (metropolis-duck, favela-duck, eldorado-duck)

Ma prima di uscire è importante comprendere
se mai abbiamo una missione
se questa missione dentro l'anitra cotta
per prosaica che sia abbia qualcosa
di globalmente vantaggioso
o almeno degno onorevole ancestrale

ammesso che una missione possa poi
dentro o fuori
espletarsi

se non burocraticamente a strappo
di cedolino o per intimo
manageriale contratto: tra l'io & se stesso

a gonfiarla la vita
che sia profittevole che venga conteggiata
e faccia somma di roba godimenti profitto

(la missione là fuori
è sempre stata l'inserimento
"chiama-fatti chiamare-chiama-fatti chiamare-chiama…"

la missione là fuori
è la mente messa sotto
messa dentro
sempre
nel circuito sotto il circuito
sotto il pelo dell'acqua la missione è stare
dentro la frangia di apparizioni)

But before we get out it's important to understand
if we ever have a mission
if this mission inside the baked duck
however prosaic, had anything
globally fruitful
or at least dignified honorable ancestral

provided that a mission could ever
be accomplished
either inside or out

but bureaucratically with a tear
of a voucher or with an intimate
corporate contract: between the ego & the self

to pump life up
in order to make it profitable and counted
and sum up stuff enjoyment profit

(the mission out there
has always been inclusion
"call – be called - call – be called - call...")

the mission out there
is the mind placed underneath
placed inside
always
in the circuit under the circuit
under the water surface the mission is to stay
within the fringe of apparitions)

Qui nell'anitra

è venuto meno il senso

nessuno è in grado di tirare le grandi conclusioni

forse qui gli uomini vivono perché sono nati
non per intelligenza missione sapiente investimento
delle risorse neuronali egologiche

qui la gente
cioè noi stessi
abbiamo qualcosa di animale
come fossimo venuti dalla tundra
conoscendo bene la chimica del gelo e della fame
la trascendenza del sonno

lavorare masticare dormire
c'è qualcosa di meglio all'incanto?

Here in the duck

all sense has failed

no one is able to draw great conclusions

maybe here men live because they were born
and not for the sake of intelligence masterly mission investment
of neuronal egological resources

here people,
that is, ourselves
have something beastlike
as if we came from the tundra
knowing well the chemistry of cold and hunger
the transcendence of sleep

working chewing sleeping
is there anything better up for auction?

Da quando sono nell'anitrone
tutto sembra tornato al suo posto

non è nemmeno percepibile
fino a che punto la storia
possa fare irruzione qui dentro

bisogna giocarsela questa occasione
da millenni non pensavo più all'innocenza
qui le istituzioni sono pochissime
a tutte le ore mi posso masturbare volendo

contratti non ho intenzione di firmarne
né con Minnie né col guardiano notturno

tutto qui prende i colori dell'alba
questo grigio in cui non si vede nulla

tutte queste versioni di grigio
sarà come un'alba senza interruzioni

Since I've been inside the big duck
everything seems to be back in order

it isn't even perceptible
to what extent
history can break in here

we must bet on this chance
I hadn't thought of innocence in ages
here institutions are quite scarce
at any time I can masturbate, if I wish

as for contracts I won't sign any,
neither with Minnie nor with the night watchman

everything here takes the colors of dawn
this gray in which there's nothing to be seen

all these variants of gray
will be like an uninterrupted dawn

Qual era la domanda?

scusate interrompiamo tutto

non vorrei che emergessero talenti religiosi

qui nell'anitra è impossibile pescare
ma si può giocare a carte tentare
di sbudellare specie minori dalle zampette corte
e si possono suonare tamburelli e flauti

Minnie ai tamburelli
il guardiano ai flauti
e chi resta fuori balla
con indosso parrucche e bracciali

ma per favore non si cominci dicendo che tutto
è stato messo insieme per stare davvero insieme
prima e dopo la morte prima e dopo la nascita
l'anitrone viaggia verso il grande strappo
non chiede programmi definiti successo finanziario
non rompe i coglioni coll'essere e il nulla

non roviniamoci la festa

But what was the question?

I am sorry let's stop everything

I wouldn't want religious talents to emerge

here in the duck it is impossible to go fishing
but we can play cards or try
to disembowel minor species with short paws
and we can play tambourines and flutes

Minnie at the tambourines
the watchman at the flutes
and those who are left outside can dance
with wigs and bracelets on

but please don't start to say that all
was put together to really stay together
before and after death before and after birth
the big duck moves toward the great tear
it doesn't ask for precise plans financial success
it doesn't break balls with being and nothingness

let's not spoil our party

Elena Buia Rutt

L'intellettuale

Il suo è un lavoro importante
e passa ore
nei capelli neri
al tavolo stile impero
tra telefono e computer.

Niente le si muove intorno
neanche le tende
se c'è vento
e niente respira
neanche le tele ad olio
del soggiorno.

Persino l'acqua
del bicchiere a calice
non spera più
di essere bevuta.

Lei scrive
e il suo sguardo
non si alza
al frastuono di
piagnistei, risate,
ninnananne, litigate
della finestra di fronte.

E nella cornice
dell'infisso
siede piena di contegno
madonna senza bambino
madonna col cuore di legno.

The Intellectual

Hers is an important job
hour after hour
raven haired
at an antique table
phone and computer.

Nothing stirs
not even the curtains
in the breeze
and nothing seems to breathe
not even the oil paintings
in her living room.

Even the water
in the chalice
has foregone all hope
of being sipped.

She writes
eyes fixed
remote
from the incessant din of
whimpering and laughter,
lullabies and quarreling
from the window across the way.

Framed
by the window
she sits haughtily
madonna without child
madonna with wooden heart.

Attraversare l'attesa

Non è questione di tecnica
ma una vaga intuizione di gioia
il vostro attraversare sorridendo
la linea retta di quest'acqua
increspata appena
dal tran-tran
di piccoli nuotatori
che – al contrario di voi –
faticano ciechi
verso un bordo qualunque.

E io – schiacciata al vetro
di questa piscina di periferia
dove i suoni rimbombano
e il vapore confonde –
capisco che esser madre
significa questo:

guardare voi che guardate me
dai blocchi di partenza
di un altro mondo:
un attimo prima che
vi tuffiate
scomposti e trionfanti
per attraversare l'attesa.

Crossing the Wait

It is not a question of technique
but of a vague intuition of joy
your crossing, smiling,
the straight line of this water
rippling slightly
with the comings and goings
of little swimmers
who – unlike you –
struggle blindly
towards an ordinary border.

And I – pressed against the glass
of this suburban pool
where sounds echo
and vapor befuddles,
realize that being a mother
means this:

watching you as you watch me
from the starting blocks
of another world
a moment before
you dive
clumsy and triumphant,
crossing the wait.

Il ricordo

In quale punto del bosco
dei ricordi
ho nascosto
la pietra
della paura
di perderti.

Quando il colletto
della camicia ti si sposta
e le grinze della cicatrice
inaspettate pulsano
un'onda di nausea
sommerge la macchia sfocata
di una madre (inerte)
— forse me —
e di un bambino
— forse te —
inchiodato da aghi e tubi
in un letto d'ospedale.

Dentro al cespuglio
in quella pietra
la sola esile dolcezza
dei tuoi palmi
come i miei
rivolti verso l'alto.

The Memory

At which point in the wood
of memories
did I hide
the stone
of my fear
of losing you.

When your shirt collar
moves
and the folds of your scar
suddenly pulse,
a wave of nausea
submerges the faded stain
of an (inert) mother
 – maybe me –
and child
 – maybe you –
nailed to a hospital bed
with needles and tubes.

There in the bush
in that stone
the only slight tenderness
of your palms
like mine
facing skyward.

Acqua e farina

Sapevo che non ti avrei trovato
ma sono venuta lo stesso a cercarti
dove una bianca parte del tuo corpo
appartiene ancora al mondo
e a me.

Il tuo salto è avvenuto altrove
– in casa di notte all'improvviso –
ma io ora
che cammino in questo cimitero di campagna
vorrei come in un film
allungare il braccio nella parete liquida davanti
e infilarci la testa
per vedere che fai
e se mi vedi
ora
– e poi –
sempre.

Percepirei forse
che in qualche modo sei cambiato
e solo il buono in te è rimasto
e io che l'ho ricevuto
ricorderei come
la verità
si sedeva di domenica
al tuo tavolo
in cucina
dove piccoli e grandi
impastavano insieme
acqua e farina.

Water and Flour

I knew I would not find you,
and yet I came to search
where a white part of your body
still belongs to the world
and to me.

Your leap happened elsewhere
– at home, during the night, unexpectedly –
but now,
walking around this countryside cemetery
as in a movie
I would like to reach out beyond the liquid wall in front of me
and pierce through
to see what you are doing
and if you can see me
now
– and then –
forever.

Perhaps I would realize
that you have changed somehow
and only goodness is left in you,
and I who received it
would recall how
truth
sat
on Sunday
at your kitchen table
where kids and grownups
together kneaded
water and flour into dough.

I templi di Paestum

I templi di Paestum
tagliano l'aria
in viali azzurri
nobili e imponenti
mentre mia figlia
al centro di un capitello
atterrato
fruga gusci di pinoli
nelle porosità del tufo.

Lei forse sa
di appartenere
a quella parte della storia
dove le macchie di mandarino
sul suo gilet di lana bianca
la strappano a quei ruderi perfetti
e la catapultano – salva –
nel tempio
di un amore
senza geometrie.

Paestum Temples

Paestum temples
cut the air in
noble and imposing
blue avenues
while my daughter
seated on a fallen
capital
rummages for pine nut shells
in the tuff's porosity.

Perhaps she knows
that she belongs
to that part of history
where the tangerine stains
on her white woolen jumper
snatch her from those perfect ruins
and throw her – safe and sound –
into the temple
of a love
without geometries.

Antonio Bux

"L'origine della forma è prima
ancora della forma: si sottrae
dall'ombra, muta destinazione,
non più luce, neanche fiamma,
bensì procede per eliminazione:
toglie dalla visione l'irreversibile,
sceglie l'invisibile nella divisione,
dove il corpo oggetto si calamita
all'attrazione che il buio espande
quando più non vede né morte né vita
ma solo lo specchio di qualcosa più grande"

Ho scoperto di avere
una lucciola nel ricordo.
La riesco a vedere
solo di notte, quando
tutto è senza memoria.
E invece la lucciola cresce
tra le tenebre a intermittenza,
mi mostra una parte di me
quella meno densa. Ma poi
la lucciola muore presto
si fa pensiero, prima dell'alba
quando è futura la certezza,
e di ogni cosa si osserva la fine
dell'ombra, la metà ricoperta.

"The origin of form lies
before form, it is subtracted
from the shadow, changes destination,
no longer light, nor flame,
it proceeds instead by exclusion:
takes from the vision the irreversible,
chooses the invisible in the division,
where the object body magnetizes itself
towards the attraction that darkness expands
when it sees no longer neither death nor life
but only the reflection of something greater"

I discovered I have
a firefly in my memory.
I can see it
only at night, when
everything is without memory.
And instead the firefly grows
in the shadows intermittently,
it shows me a side of myself
the least dense one. But then
the firefly dies early
turns to thought, before dawn
when certainty is in the future,
and one observes the end of all things
in the dark, half covered.

"Di livelli, sono piene le onde.
Guarda il mare, così terrestre.
Quasi un tappo, che preme l'atmosfera
la chiude a cielo. Un rovescio nella porta
del mondo. Col solo rumore non si apre.
Ma così dura appare la finestra sul fondo,
che l'acqua riempie il respiro tutto, e ascolta
dal profondo della superficie, un dilatarsi di voci
mentre nell'azzurrarsi delle cose, l'orizzonte
sospinge la marea, il risalire dell'ultima risacca"

Ora che l'acqua e la polvere sono
la fanghiglia del mio ventre teso
nello sconquasso brutale della materia
avverto la minima immersione del luogo
nelle voci assorbite dal flusso intermittente
graduale del moto, dal riverbero del corpo
l'autonomo scavare dell'ombra sulla sabbia
nell'immersione minerale – vellutata marina
ghisa oltre corrente – bagnando all'impatto
dove l'acqua è impermeabile al gesto
l'interno melmoso del flusso
nell'abrasione dello stacco dall'onda
che spinge verso il centro
nel fondo del nucleo più azzurro.

"Levels, waves are full of them.
Observe the sea, so terrestrial.
Almost a plug, that presses the atmosphere
closes it into a sky. The reverse of the doorway
of the world. The noise is not enough to open it.
But the window in the background seems so hard,
that the water fills all the breath, and listens
from the depth of the surface, the expansion of voices
while in the bluing of things, the horizon
drives forward the tide, the return of the last backwash"

Now that the water and the dust are
the mud of my tense stomach
in the brutal upheaval of matter
I perceive the least immersion of the place
in the voices absorbed by the gradual
intermittent flow of motion, by the glare of the body
the autonomous digging in the shadow on the sand
the mineral immersion – velvety marine
cast iron beyond the current – getting wet in the impact
where the water is impermeable to the gesture
the muddy interior of the flow
in the abrasion of the detachment from the wave
that pushes towards the center
in the bottom of the bluest nucleus.

Esordiremo al di là. Non importa
se sarà la vanga o il piccone
del verso, ciò che inciderà
la traccia dell'abisso. Lì troverà
l'universo la sua precipitazione.
E del resto, ben poco si alzerà
dal fuoco incavo del mezzogiorno
e niente muoverà l'ombra del masso
neanche l'aria dal ventre mutando
il solco del prossimo sotto la terra;
ma più denso il cammino, guardando indietro:
un feretro di vetro per ogni sguardo rifletterà
la scritta fragile, l'indicibile interno, l'incudine
senza peso, dove galleggiando sprofonderà l'ago
del nostro vincolo. Ma noi non verremo a bucare
l'angolo più sicuro del giorno: piuttosto cuciremo
la morte ai suoi strappi, portandone la ferita sorridente
nella condivisione del graffio, la solitudine della difesa.

We will debut in the afterlife. It doesn't matter
whether it will be the shovel or the mattock
of the verse, that will carve
the trace of the abyss. There shall
the universe find its precipitation.
And, after all, not much will rise
from the concave fire of midday
and nothing will move the shadow of the rock
not even the air from the belly altering
the furrow of the next under the earth;
but more dense the journey, looking back:
a glass coffin for each gaze will reflect
the fragile writing, the internal unsayable, the weightless
anvil, where floating, the needle of our connection
shall sink. But we shall not come to puncture
the safest corner of the day: rather we will sew
death of its tears, carrying its smiling wound
in the sharing of the scratch, the solitude of the defense.

Ci vuole grande ragionevolezza
ed un volo molto basso
per dire tanto con poco come
quando il picchio staglia la corteccia
dell'albero per mangiare il verme,

e non solo avere tempo di sistemare
due pagliuzze su un nido abbandonato
dallo stesso picchio rimasto orfano del becco.

Che poi il verme
a cosa serve,
se non a digerire
tutto il tronco già marcito
nello sfrondare precedente,
quando, per scovare il verme,
il nostro picchio dimenava
duramente il becco cieco
senza accorgersi che altri vermi
nel frattempo rosicchiavano la sua lingua
e gli entravano furbetti giù nel fegato.

Perciò ci vuole grande acume
nel mangiare dentro il piatto altrui
senza lasciare che la foga
prenda solo il piatto e lasci il cibo
incolume per la bocca
di quell'altro o di chi per lui.

You must be very reasonable
and keep a very low profile
to say a lot with little like
when the woodpecker outlines the bark
of the tree to eat the worm,

and not only have time to arrange
a couple of straws in a nest abandoned
by the same woodpecker orphaned of its beak.

Besides what's the use
of the worm
except for digesting
the entire trunk already rotted
during the previous shedding of leaves
when, to dig out the worm
our woodpecker roughly
agitated his blind beak
without realizing that other worms
in the meantime nibbled his tongue
and naughtily entered down his liver.

Therefore you need great foresight
to eat in the other person's plate
without the frenzy causing you
to get only the dish and leave the food
unharmed in the mouth
of that other one or his stand-in.

"Si vive divisi in due
– prima e dopo la vita
sempre è un altro che vive –
quando invece a morire
è un doppio che precede,
come se morisse due volte,
prima la vita e poi la morte,
con l'essere nel mezzo,
un doppio che si dimezza,
come mai nato, a metà,
come se fosse il doppio
solo la sua morte"

Arriva sempre il mio pensiero
in ritardo rispetto a un altro
pensiero che prima di me
muove un pensiero e che forma
il mio pensiero quando lo penso.

E quando mi muovo c'è sempre
un altro corpo che si muove
molto prima di me indicando
il giusto vuoto dove finirà
il mio corpo poi muovendosi.

Come quando entrando
in una stanza subito scopro
che già vi ero dentro
prima ancora di esservi entrato.

O che, parlando, io dica già
parole dette poco prima
allo stesso orecchio
di rimando, nel suono a specchio
che ascoltando mi parlava.

"You always live split in two
– before and after life
always someone else who lives –
instead when dying
it is a double who goes ahead,
as if dying two times,
before life and before death,
with the being in the middle,
a double that divides in two,
as if never born, in half,
as if he the double
were only the death"

My thought is always
late compared to another
thought that before me
moves a thought and forms
my thought when I think it.

And when I move there is always
another body that moves
way before me indicating
the righteous void where my body
will end then, moving.

As when entering
a room I immediately discover
I was already in it
before entering it.

Or, speaking, I already say
words said shortly before
to the same ear
in response, in the sound a reflection
that listening spoke to me.

Per questo, forse, non potrò
morire prima di me stesso,
dato che sarò già morto
prima ancora di finire sottoterra,
e piangerò me stesso tanto quanto
altri sconosciuti lì con me sparendo
mentre mi accompagno al camposanto.

On account of this, perhaps, I won't
be able to die before myself,
since I will be already dead
even before going underground,
and I will mourn myself as much as
other strangers there disappearing with me
as I walk myself to the graveyard.

Gian Maria Annovi

9/10
(dittico in due tempi)

Nine-tenths of everything is inessential.
FRANCIS BACON

(8.46 am)

la voce del predicatore
che scalcia in spagnolo
contro la parete di cartone

le sue preghiere sono
il karaoke settimanale
dei tuoi primi pensieri

premi il ginocchio
contro il cuscino

e controlli che il mondo
sia ancora là fuori

oltre la griglia che
ingabbia

il motore dell'aria

9/10
(Diptych in two tempos)

Nine-tenths of everything is inessential.
FRANCIS BACON

(8:46 am)

the voice of the preacher
that lashes out in Spanish
against the cardboard wall

his prayers are
the weekly karaoke
of your first thoughts

you press your knee
against the pillow

and make sure that the world
is still out there

beyond the grate that
cages

the engine of air

(9.03 am)

lo scoiattolo che mangia carne
sul marciapiede non ha paura

lo trovano morto poche ore dopo
due pensionati su una panchina

di Riverside Park

riverso appena e il cuore fermo

(la morte è questo spavento
che ti entra dentro e che ti divora)

(9.59 am)

l'uomo che trascina un carrello
della spesa

(la sua casa)
o che forse ne viene trascinato

sulla strada che inclina è un parlare
di cose che non sanno essere in inglese

parole che vengono a infiammare
l'interno e i bordi della bocca

mentre bruciano borse di rifiuti
nei parcheggi che sono ancora chiusi

(9:03 am)

the squirrel that eats meat
on the sidewalk is not afraid

it is found dead a few hours later
by two pensioners on a bench

in Riverside Park

on its back, its heart stopped

(death is this sudden fear
that devours you from within)

(9:59 am)

the man dragging a shopping
cart

(his home)
or perhaps he is being dragged

on the sloping street there's talk
of things that don't know how to exist in English

words that come to set fire
to the insides and edges of your mouth

while bags of trash burn
in the parking lots that are still closed

(10.28 am)

risale in superficie la donna
che pulisce le torri degli uffici

nel supermarket vicino a casa
si vede in fiamme

specchiata sulle buste di surgelati

vive senza saperlo
in un piano-sequenza stravolto

il suo volto:

Monica Vitti che osserva
l'isola che l'ha resa deserta

(10:28 am)

the woman who cleans the towers
of offices comes to the surface

in the supermarket near home
she sees herself in flames

reflected in the bags of frozen food

she lives unaware
in a distorted long take

her face:

Monica Vitti watching
the island that has made her a desert.

Self-Eaters (Autofagi)

> *Questo grido che io ho lanciato è un sogno.*
> *Ma un sogno che mangia il sogno.*
> ANTONIN ARTAUD

Self-Eater #1

non distingue le dita delle mani
dalle dita dei piedi non distingue

la cartilagine dall'unghia
che è la cosa morta che
gli cresce

e se ne nutre:

si allunga dunque e flette e piega
gli arti di plastilina

l'arte è lui: contorsionista bambina

deformata dall'idea di perfezione

Self-Eaters

> *This scream that I have just uttered is a dream.*
> *But a dream that eats away the dream.*
> ANTONIN ARTAUD

Self-Eater #1

he cannot tell the difference between the fingers of his hands
and the toes of his feet he cannot tell the difference

between his cartilage and his nails
which are the dead things that
grow in him

and that he eats:

he stretches therefore and flexes and bends
his play-doh limbs

This is art: a little girl contortionist

deformed by the idea of perfection

Self-Eater #6

non si regge coi piedi e con le mani:
le protesi che devono restare
fin quando non sono ricresciute

piegato col mento sul costato
si squama e si distacca come niente
lo scatolo di ossa che lo tiene

ne pendono le parti dai cordoni
che morde e subito divora

è come parlare dello scrivere
un atto che ingoia la parola

Self-Eater #6

He can't hold himself up with hands and feet:
the artificial limbs must be kept
until they have grown back again

With his chin on his chest
he peels off and breaks away just fine
the box of bones that holds him up

parts of himself slant from cords
he bites and quickly devours

it's like talking about writing
an act that swallows words

Bianca Madeccia

Credo laico

Credo
nella trama fitta
delle piccole cose
in un segreto linguaggio circolare
nelle minute presenze invisibili

Credo
negli echi
nelle ombre
nell'impalpabile
nei cori notturni sul mare

Credo
nelle musiche sussurrate dalle pietre
nell'idioma delle nuvole
nel silenzio delle parole
nei discorsi contenuti nel silenzio

oggi credo

e mi unisco al coro dei cantori
dell'esistente
invisibile

Lay Creed

I believe
in the dense fabric
of small things,
in a secret circular language
in minute invisible presences

I believe
in echoes
in shadows
in the impalpable
in nocturnal choirs on the sea

I believe
in the music whispered by stones
in the idiom of clouds
in the silence of words
in the discourses contained in silence

I believe today

and I join the choir of singers
of that which exists
and is invisible

Epitaffi

Scrittrice di epitaffi sulle lapidi dei cimiteri
Donna del disincanto
Raccolgo pene di cuore e amoreggiamenti
In questo mondo ricoperto di polvere

E sono così brava
che ho un camposanto tutto mio.
È una gioia a primavera
potare le roselline bianche e sfrondare la verbena.

Dei fiori che colsi ne faccio corone.
Di quelli che non colsi
poesie che poggio sulle lapidi

In ogni angolo della mia anima
c'è una lapide ad un Dio differente

Epitaphs

Writer of epitaphs on the tombstones of graveyards
Woman of disenchantment
I gather pains of the heart and flirtations
In this dust-covered world

And I am so skilled
that I have a cemetery all my own
It is a joy in springtime
to prune the little white roses and trim the verbena.

Out of the flowers that I picked I make wreaths
Of those I did not pick
I make poems to lay on the tombstones

In every corner of my soul
there is a tombstone to a different God

Vuoto mistico

Dunque,
non dimenticare che per te
io rimarrò in attesa per secoli
voltando le spalle a quella soglia.

Ma tu affrettati
non disprezzare il mio sforzo
Non farmi aspettare troppo a lungo

Stasera uscirò
A guardare le stelle.
Mi espanderò al punto
di andare oltre di esse.

Sarà allora amato mio
Che sopra la tua testa
Vedrai un vuoto puro
Quel vuoto luminoso, sarò io.

Mystic Void

Well,
do not forget that for you
I shall wait for centuries
turning my back on that threshold.

But hurry
do not disparage my effort
Do not make me wait too long

Tonight I am going out
To watch the stars.
I will expand to the point
of going beyond them.

It will be then my love
That over your head
You will see a pure void
That shining void, will be me.

La sposa del mare

(1° coro creature del mare)

Prima del serpente del bene e del male
cantavamo l'inno delle ore morte
si evitava la superficie di schiuma marina
fino a che con un suono di piedi arrivò
quella donna ad alta combustione
con un vestito quasi bianco
fiorito sotto il peso di troppi angeli
intrecciati alla sua pelle come sogni
come sale come canto oscuro di acqua chiara.
Fu lei a lasciarci presagire il cielo dalle sue radici
prima di lei quando tutto accadeva ancora
tra i metalli della fucina nera degli oceani
tra gli incendi e le esplosioni di zolfo e granito
al centro della costruzione delle tenebre
nessuno avrebbe mai supposto l'esistenza
di una luna di mare e della sua effervescenza di rosa

The Bride of the Sea

(1st choir of the sea creatures)

Before the serpent of good and evil
we would sing the hymn of the dead hours
we would dodge the surface of sea foam
until that high combustion woman arrived
with a sound of feet
with a dress that was almost white
flowered under the weight of too many angels
intertwined with her skin like dreams
like salt like the obscure song of clear water.
It was she who let us foreshadow the sky from its roots
before her when everything was still happening
among the metals of the black forge of the oceans
among the fires and the explosions of sulphur and granite
at the center of the construction of darkness
no one would have ever supposed the existence
of a sea moon and its effervescence of roses

Stelle

Ne abbiamo viste tante nascere

correre in cielo e morire evaporare

subito dopo aver inondato il mondo

lo stesso colore la stessa angoscia violenta

la stessa aria condannata la stessa paura

che qualcuno sciogliesse i capi

dei fili della rete d'acciaio

tenuta a terra da chiodi arrugginiti

Era di noi che avevano bisogno

per sostenersi in cielo

per non cadere prigioniere

e trasformarsi in rocce nere e informi

Non c'è nulla che intimidisca le stelle

quanto i propri cimiteri

Stars

We have seen so many be born

run in the sky and die evaporate

soon after having flooded the world

the same color the same violent anguish

the same condemned air the same fear

that someone would unravel thee ends

of the steel net's wires

fastened to the ground with rusty nails

It was us they needed

to stay up in the sky

so as not to be taken prisoner

and turn into black shapeless rocks

There is nothing that intimidates the stars

like their own cemeteries.

InVerse 2015

Francesco Serrao

Paesaggio di mare autunnale

A Franco Angeli
settembre '71

Pioveva faceva un freddo è strano, mi innamorai come del vento
e del tirar baci in quella pineta umida che dava le spalle
al treno sempre in corsa sentendo com'era forte la calura
in pallidi giorni estivi spinti verso le siepi
che sapevano già come fa male l'onda la rena tolta al mare e il furore
di certi e noti cipressi,
dei quali non si diceva niente se non quando calava il sole
disegnando
di coraggio notturno d'aspettare
la composta beltà della luna con il capo chino.

Sea Landscape in the Fall

To Franco Angeli,
September '71

It was raining and it was so cold it's strange, I fell in love as with the wind
and with blowing kisses in that humid pinewood behind
the ever rushing train, feeling how strong the heat was
in those pale summer days and pushed to the hedge
that knew how the wave hurts, the sand stolen from the sea and the fury
of certain and well-known cypresses,
of which no one would say anything unless the sun set
drawing
around the night courage to wait
for the composed beauty of the moon with its bowed head.

Gabbiano più inverno

Avrebbe fatto piacere il sorriso ad essere ripetuto,
come di una conchiglia il senso di stacco e di stupore,
su una coppia che male amandosi diserta il volo,
probabilmente di un gabbiano,
senza parole per quello che è successo, con amore
per la terra,
più di un inverno libero davanti
di cui molte, gelate domeniche dedicherà
a cozzare piume e corpo contro finestre chiuse
e temperature basse, stuccate con vernice fresca.

A Seagull and More Winter

It would have been pleasant for the smile to be repeated,
as for a shell to be torn and dazed,
on that badly loving couple that renounces the flight,
most likely a seagull's,
speechless for what happened, with love
for the earth,
more than a free winter ahead
whose many frozen Sundays it will dedicate
to bumping its feathers and body against closed windows
and low temperatures, plastered with fresh paint.

Alfa e lotta

Disgraziatamente sulla grondaia mani messe su
in cerca di lavoro esperto da gente di passaggio,
cui non molto, penso, interessavano i clamori del porto,
l'urlo del sole squagliato sull'asfalto del facchino
duro a morire,
anche se i sacchi pesano, come sempre c'è qualcuno
pronto a lucidare cristalli sparsi per terra,
come vetrine uguali luccicanti,
con un autobus che interrompe l'estate
e il nodo alla camicia che suda, senza dare ricordo.

Alpha and Struggle

Unfortunately uplifted hands on the waterpipe
seeking a skilled job from passers-by,
who didn't seem to care much about the clamors of the harbor,
the outcry of the melted sun on the asphalt
of the die-hard porter,
though the sacks are heavy, there's always someone
ready to polish the crystals scattered on the ground,
like identical shiny shop windows,
while a bus breaks up the summer
and the sweating shirt's knot, without leaving any memory.

Antiche usanze

E la mattina spesso me ne andavo più che contento
pigro, capo mogio, ombrello portato solo per burla,
quasi l'avessi vista la morte prendermi un braccio
e fuori città menarmi tra prati, rumori di autobus
che non sentivo più, e commenti di vecchi ubriachi
della sera prima colà rimasti a contare i soldi
e le ferite da coltello tra cani e noia solo
pomeridiana, che s'era fatta già sera e la gita
mi sembrava finita ancor prima che i ricordi fossero
ritagli di sera come passi fitti in campagna bruna
tra spiriti e luci poco diffuse a giudicar dai lampi
venienti su dalla marina, dove c'era l'amore,
il vino e l'abbandono.

Ancient Customs

And in the morning I would often go off more than happy,
lazy, somber head, with an umbrella only in jest,
almost as if I had seen death grabbing my arm
and taking me out of town to the fields, no bus noises
any more, but old drunkards' comments
lagging there from the night before to count money
and knife wounds among the afternoon dogs
and boredom, and it was night already and the outing
seemed over to me even before my memories could
be night cuttings like tiny steps in the dark countryside
among ghosts and dim lights, judging from the lightning-bolts
coming from the sea, where there was love,
wine and abandonment.

Fine

Entrato al cinema ripercorso le tappe di colori e notti,
mi ero sposato, fissato la vita su un foglio, avevo
tentato l'azzurro del mare, fare mia luna su tetti,
amare gatto, di notte tenevo in mano un po' di me,
mi ricordai di molte cose, ma prevaleva una, era il rumore
del vento quando di notte dai sedici, passavo
all'altro anno.

End

After entering the cinema, and thinking back to the phases of colors and nights,
I married, I pinned down life on a sheet of paper, I had
tried the blue of the sea, to catch the moon on the roofs,
to love the cat, at night I would hold a bit of myself in my hand,
I remembered many things, but one would prevail, it was the noise
of the wind when at night I passed from age sixteen
to the next year.

Antonella Anedda

Notte di pace occidentale

Questa è la cucina alle sette
questo il polso immerso nel lavabo
e il buio sul balcone che dice
la distanza del giorno.

Aspetto che scaldi il latte
seguo la brina sul ferro dei balconi
e la donna che trascina la sua busta nel vento.
Con l'unghia segno una stella
contro il bianco del vetro
per i piedi, per i polsi lontani
che non scendano aperti nei fossati.

Tutto si perde, tutto
viene scagliato lontano.
Il mondo si trasforma in polvere
in quella sabbia che i condannati vedono
prima di colpirla con la nuca.
Di nuovo convogli a oriente, tronchi
che spezzano le ruote sui confini
di nuovo gente in fila
con sassi nelle tasche contro il vento.
Semplici tonfi, grida
come un'alba di caccia
e inchiodati sui boschi
gli elenchi dei caduti.

Luce e luce
arde di lato questa febbre terrena.
Lontano – tra i cancelli divelti
qualcuno raccoglie una tazza.

La città si assottiglia nel lampo della pioggia imminente.

Night of Western Peace

This is the kitchen at seven in the morning
This is the wrist immersed in the washbasin
and the darkness on the balcony which tells
the distance of the day.

I wait for the milk to heat
I follow the frost on the wrought iron of the balconies
and the woman who drags her bag in the wind.
With my nail I draw a star
on the white of the window
for the feet, for the distant wrists
so that they don't go down open into the ditches.

All is lost, all
is cast afar.
The world turns into dust
into that sand that the condemned see
before hitting it with the back of their necks.
Once again eastbound trucks
that break wheels on borders
once again people in line
with stones in their pockets against the wind.
Simple thuds, cries
like a hunter's dawn
and the lists of the fallen
are nailed to the woods.

Light and light
this earthly fever burns at the side
Far away – amid uprooted gates
someone picks up a cup.

The city becomes thinner in the lightning flash of the imminent rain.

Attittos

Est chena boghe, non narat prus: "Andemas".
Zìrriat comente unu gessu ki pigat a sos dentes.
Hat intesu sa morte colàndeli unu ferru ruju
tra s'urigra e sa mentes po ghissare dolore
a kie non podet sanare.

Ora non dice più "Andiamo". Non ha voce.
Stride come il gesso che fa brivido ai denti.
Ha sentito la morte passargli un filo arroventato
tra la tempia e l'orecchio per sprecare dolore
a chi non può guarire.

Attittos

Est chena boghe, non narat prus: "Andemas".
Zìrriat comente unu gessu ki pigat a sos dentes.
Hat intesu sa morte colàndeli unu ferru ruju
tra s'urigra e sa mentes po ghissare dolore
a kie non podet sanare.

He no longer says "Let's go." He has no voice.
He screeches like the chalk that makes teeth grind.
He felt death pass a red-hot wire
between his temple and his ear to waste pain
on those who cannot heal.

Coro

A volte mi illudo di afferrare i nessi tra le cose
mio nonno in trincea a diciassette anni
che scrive versi d'amore ignaro
che l'inferno doveva ancora venire.
Lui vivo e tutto il resto perduto
a cominciare dalla bambina
trovata tra le felci accanto al lago.
Di notte stabilisco i nessi tra le cose
rivedo un vecchio esitare sulle scale
scambiare il buio con l'acqua
e le ringhiere di ferro con le felci.
Lo ascolto fare di sé un cespo
di vestiti e vetri, un'ultima volta
per provare a rovesciare il male.

Choir

Sometimes I think I grasp the links between things
my grandfather in the trenches at seventeen
writing love poems oblivious
of the hell that was yet to come.
He's alive and all the rest is lost
beginning with the little girl
found among the ferns beside the lake.
At night I make connections between things
once again I see an old man hesitating on the stairs
mistaking darkness for water
and iron railings for ferns.
I listen to him turn himself into a tangle
of clothes and glass, for the last time
trying to reverse the evil.

1999

Alla fine del secolo: la strada così breve
il tempo così basso – come un cielo –
su una strada angusta. Brillano per un attimo i nomi
poi a un tratto si spengono.
Sono muti sul buio doppio del mille.
Erano nel crinale del tempo
a gonfiare un'attesa sulla carta dei libri.

Alla cima del secolo non resta che lo spazio.
La cima ha fatto spazio
rodendo piano le ere
ha declinato gli anni con un suono di sabbia
grano a grano in un secco ablativo.
30 dicembre del '99: perché esista una rima
bisogna recidere le cifre.

1999

At the end of the century: the road so short
the time so low – like a sky –
on a narrow road. For a moment names sparkle
then suddenly go out.
They are mute in the double darkness of the thousand
They were on the ridge of time
to swell an expectation on the paper of books.

At the summit of the century all that is left is space.
The summit has made space
slowly corroding the eras
it has declined the years with a sound of sand
grain by grain with a harsh ablative.
30 December of '99 to make a rhyme
one must cut the numbers.

Informazioni interne (Evoluzione)

Oggi non è difficile capire da dove viene il male:
Neve tutta la notte, minima meno 10. Un uomo muore assiderato.
Ora oltre il vetro osserva tre persone, una famiglia forse,
un gruppo minimo nel gelo di stasera.
(Temperature a picco, l'ago schiarito da una luce boreale.)
Segui la loro evoluzione in cui qualcuno muore e gli altri avanzano a fatica.
Creature senza creatore in cammino da ere
fino al gesto in cui una, toccando l'altra, la consola.

Local News (Evolution)

Today it's not difficult to grasp where evil comes from:
Snow all night, minus 10. A man freezes to death.
Now beyond the glass, observe three people, a family perhaps,
a minimal group in tonight's frost.
Plummeting temperatures, the needle lit by a northern light.
Follow their evolution in which some die and the others can hardly advance
Creatures without a creator walking for eras
until the gesture when one, touching the other, consoles them.

Vladimir D'Amora

Quando gli dei
che fuggono dall'uomo e nulla
che resta nella terra
come il volerti, lanciando
nella mirmidone
mia voce nel fallire
è la tua faccia
come un immenso
e sordo travagliare
delle api.

When the gods
fleeing from men and nothing
is left on earth
as strong as wanting you, hurling
in my myrmidon
voice by failing
your face is
like an immense
and dull labor
of bees.

credevo alle parole
io come agli animali
come la sera cede alla sua notte

e intatto

è un giro solo, la piega
nella stoffa la luce
quell'unica umana perfezione

il mio progetto
sarebbe, è solo mite fiato

tuo

tu che mi sfioravi
la vita e la già debole
compiuta veritade.

I believed in words
as I did in animals
as the evening yields to its night

and untouched

is only one turn, the fold
in the fabric the light
of that unique human perfection

my plan
would be, or is just a mild breath

of yours

you who would gently touch
my life and my accomplished,
yet weak, truth.

Caduta e progredimmo sino al sogno
fatto per volontà di muscolo
singola molteplice
ti fai alla mia faccia
lo sai che dentro a quest'intera vita che mi sfascia
io sollevo specchi
è l'altro te
e voglio la mano tua capace
io lo sapevo,
e nella corsa il volto
tuo appare nelle linee
è il futuro degno
tu sei la rosa
che si sbatte alzando muri
ed escono i tuoi seni
la rinascenza chiede
solo catene adatte a questa
tua schiuma
tue le bave
di femmina totale e sappiano
quei branchi di coglioni già arrapati
che io ti voglio intera io ti
tengo e né luna, né definizione di ruolo
ti conforma e tu sei –
ti manca nella sera
la memoria lucida e ti dai –
facciamoci
sbocciando
come fermata umana
sul tuo collo.

A fall - and we advanced to the dream
made by dint of muscle
while, single and multiple,
you efface my face
you know that inside this whole life that shutters me
I lift mirrors
it is the other you
and I want your capable hand,
I knew that,
and in the race your face
shows up in outlines
it is the worthy future
you are the rose
one smashes while raising walls
and your breasts emerge
rebirth requires
only chains fit for this
foam of yours
these drools of yours
of a total woman and they should know,
those packs of horny dickheads,
that I want you whole I hold
you and neither moon, nor definition of role
fits you and you are –
at night you lack
the lucid memory and you yield –
let's do it
blooming
like a human station
on your neck.

sentono sempre scrosci
dall'orecchio si stacca un ronzio
come se non riuscissero mai
a stare soli
nel silenzio dell'uomo
come se un dio impazzito ed eterno
impersonale essere da fuori
come se dio dicesse
ai morti suoi
voi risalite
e bucatemelo bene
il figlio senza il padre
il cielo sopra al mare.

they keep hearing roars
in their ears a buzz breaks out
as if they could never
be alone
in a human silence
as if a crazed god and eternal
impersonal being from outside
as if this god said
to his dead
you rise
and pierce him just fine
the son without a father
the sky above the sea.

Se ti fossi mancato
il sole di domani
è notte fredda
le mute luci

Se ti fossi mancato
alle mani
lo scambiarsi
la forma si posa

Se ti fossi mancato
l'animale che sono
gl'uomini fratelli
nella voce

Se ti fossi mancato
tu chiameresti
tu la faccia mia
la maraviglia

all'ora.

If you had missed me
tomorrow's sun
is cold night
the mute lights

If you had missed me
an exchange
of hands
a form alights

If you had missed me
the animal that I am
human brothers
in the voice

If you had missed me
you would call
my face
the wonder

at the right time.

Roberto Deidier

Piovasco

Ecco i giorni dell'acqua, la costellazione
S'apre a cascata, stinge il destino
O forse i sogni si scrivono con lettere
Trasparenti? Scende sul marciapiede
Come una felicità mancata:
La sua cadenza è un'ossessione.

Quante volte dietro i vetri assistiamo
A una congiura che ci sembra estranea –
Nuvole, diciamo, passeranno in fretta
Per dirigersi altrove e non sappiamo
E non vogliamo sapere, siamo solo
I testimoni del clima, una giornata
Adatta per spostare mobili,
Svuotare la memoria, serrare la cantina.

Downpour

Here come the days of water, the constellation
Opens up as a waterfall, it washes up destiny
Or perhaps dreams are written in transparent letters
Letters? It flows on the pavement
Like a missed happiness:
Its rhythm is an obsession.

How many times do we witness at the window
A conspiracy which seems alien to us –
Clouds, we say, will fast pass by
To go elsewhere and we do not know
And we do not even want to know, we are just
The witnesses of the weather, a day
Fit to move around furniture,
To empty up memory, to lock up the cellar.

Al posto di una ballata

A volte in sogno passano i miei morti,
Quelli veri, consunti dalla vita,
Quelli che ho ucciso da me
Con leggerezza e giusto rimpianto.
Quando giungono all'estremo dell'occhio
Qualcuno ancora si volta, mi saluta
Chiamando nomi diversi dal mio
(Anche il gatto va spiandomi inquieto
Da un balcone per lui sconosciuto).

Al risveglio apro la tenda, se è primavera
Guardo oltre i vetri, allungo il braccio,
Strappo una foglia, è tutto qui,
In quest'aria che nuovamente invoglia.

In Place of a Ballad

Sometimes my dead ones pass by in a dream
The real dead, those worn out by life,
Those I killed by myself
Carelessly and with a just regret.
When they arrive at the corner of my eye
Some still turn round and greet me
Calling names which are not mine
(Also my cat keeps spying me, restless,
From a balcony unknown to him).

When I wake up I open the curtain if it's spring
I look beyond the window glass, I stretch out my arm,
I tear a leaf, and that's it,
In this newly enticing air.

ROBERTO DEIDIER

L'ombra della finestra sulla parete azzurra

All'alba, il profilo nero della bottiglia,
La santità del silenzio dopo l'amore
Forse li hai portati nel respiro
Del sonno, forse hai sentito
Quanto ero sveglio per non aver creduto
A un miraggio che durava,
Arreso infine a una stanchezza senza sogni.

Quest'autostrada mi riporta indietro
Al mio futuro, ad altri viaggi senza te,
Mi fa pensare come scorre sull'asfalto
La mia attesa, come stia in agguato la paura
A un cantiere, a una deviazione,
Se questo altro non siamo, un percorso
Di accidentata felicità, di sorprese
Non segnalate, incaute sospensioni.

The shadow of the window on the blue wall

At dawn, the black profile of the bottle,
The holiness of silence after love
Perhaps you kept them in your breath
While sleeping, perhaps you felt
How awake I was, as I didn't believe
In a long lasting mirage
Which finally surrendered to a dreamless weariness.

This highway brings me back
To my future, to other trips without you,
It makes me think how my waiting
Flows on the asphalt, how my fear is lurking
At a construction site, on a detour,
If we are nothing else but this, a route
Of bumpy happiness, of unreported
Surprises, unwise suspensions.

Sono questi i giorni del primo sole
Quando sbiadisce il rigore dell'inverno
E i pioppi ancora spogli nel parco si riscaldano.
Uno non c'è più, lascia una piccola fossa
All'ombra lunga dei superstiti.

Guardo le sedie riposte delle nostre cene
In una stanza ancora piena d'echi
E fuori i merli nell'aria tiepida
Saltare da un ricordo a un altro.

Vorrei sentire ancora una volta il mio cuore
Che troppo lungamente fa silenzio
E il cuore del mio cuore cantare
Di una strana felicità, nonostante.

Si sopravvive così, senza argini,
Dentro un umore piatto, una costanza
Aspra disciolta in questo azzurro di aprile,
Resistendo a un'ossessione, al vizio
Di nulla amare, prendere, fermare.

These are the days of the first sun
When the wintry rigor fades away
And in the park the still leafless poplars warm up.
One of them is gone, it leaves a little hole
In the long shadow of the survivors.

I look at our dinner chairs, put away
In a room still filled with echoes
And blackbirds in the warm air outside
Hop from one memory to the other.

I would like to feel my heart once more
Which has been silent for too long
Feel the heart of my heart sing
About a strange bliss, nonetheless.

One survives this way, unchecked,
Inside a flat mood, a harsh
Tenacity melted into this April blue,
Resisting an obsession, the vice
Of loving, taking, ending nothing.

Tiberio nella Grotta Azzurra

Dopo tutti i gradini discesi
Scavati in silenzio nella roccia
 — Altrettanti dovrà risalirne per tornare
Ai pigri mimi dei suoi pretoriani —

Lo specchio trasparente è solo il dubbio
Di una prospettiva quieta.
L'acqua chiama acqua e questo è il tempo,
Un raggio sulla roccia a un'ora insolita:

Vedere oltre se stessi, scordarsi
Della curia svuotata, del confine
Di Parti e Germani, di legioni
Insofferenti sul Reno o sul Danubio;

Dei fantasmi trascinati di due mogli
Fino a questa soglia estrema, già,
Ha troppo spesse pagine il libro
Della storia, non lo volta a ogni bracciata

Questo lento sciabordìo d'inferno.

Tiberius in the Blue Grotto

After all the steps descended
Carved in silence in the rock
 – He'll have to climb as many to return
To those lazy mimes of his Praetorians –

The transparent mirror is just the doubt
Of a quiet perspective.
Water calls water and this is the right time,
A sunbeam on the rock in an unusual hour:

Seeing beyond oneself, forgetting
About the emptied Roman Curia, about the border
About Parts and Germans, impatient
Legions on the Rhine or the Danube;

About two wives' ghosts dragged
To this ultimate threshold, yes,
The book has too many thick pages
Of history, and this slow splashing

Of hell cannot turn them on each stroke.

Mariangela Guatteri

nell'eccesso colle citazioni, nel comporsi costa un lungo tempo. così il commentario, di quarant'anni, gli annali di trenta, i commentari di trenta, la storia di trenta, il trattato di trenta, il poema di quaranta.

oltre che bel bello illanguidiscono e diventan freddi. non si può attendere tanti anni senza divenire stanchi.

triti e volgari o sodi e spesso soggetti al falso. le cose e i sentimenti non mancano di qualche utilità, rimessi a quello che sono. il loro scrupolo e la loro delicatezza. il vigore scema, gli affari crescono e si affollano. si può trarre più intima contezza dei fatti. pensieri molto comuni, corre e passa senza rimprovero, in corpo e nell'interno.

---

in the excess of quotes, in composing oneself much time is lost. and so the commentary, of forty years, the annals of thirty, the commentaries of thirty, the history of thirty, the treaty of thirty, the epic of forty. besides slowly languishing and turning cold. you cannot wait so many years without getting tired.

trite and vulgar or firm and often subject to being false. things and feelings are not without some utility, returned to what they are. Their scruple and their fragility. strength declines, business deals increase and get cramped. you can gain a more intimate cognizance of facts. very common thought, it runs and passes without reproach, in the body and inside.

i cominciamenti hanno molto fuoco, le parti di mezzo sono tiepide, le ultime fredde affatto.

la forma ora in uso è la legatura a quadro. la maniera di preparare, maniera di legare. quarto, ottavo, si fa con una stecca d'avorio o di bosso. la stecca da piegare, i richiami, il registro. le segnature dirigono.
coll'ordine si battono sopra una pietra, poi cuciti. stando aperte e libere e con un coltello scarnandosi, perché più comodamente si fanno i buchi per attaccarle. si calca e si mette in ordine.

the beginnings are full of fire, the middle parts are lukewarm, the ends are completely cold.

the form that is now being used is square binding. the manner of preparing, the manner of binding, quarto, octavo, is done with an ivory or boxwood stick. the stick to be bent, the recalls, the register. the marks command. with an order they are beaten against a stone, then sewn, being open and free and carved with a knife, the better to make holes to attach them with. you press down and put them in order.

l'inventario, il catalogo. un divoratore. il capo d'opera, il sesto, le epistole,
la sesta satira è la sua chirurgia.
tavola delle materie.

the inventory, the catalog, a devourer, the masterwork, the sixth,
the epistles, the sixth satire is its surgery.
table of matter.

parti delle piante, foglie dell'albero di palma, bucce, scorze della tilia, papyrus, pelli, piombo, gemme; le 24 lettere dell'alfabeto, le diverse voci i fiori, 120 sermoni i frutti.
non si possono contare settantamila teste, e in ogni testa settantamila bocche, ed in ciascuna bocca settantamila lingue, ed ogni lingua settantamila linguaggi. trent'anni, ben cinquanta nuovi elementi di geometria.

la natura di tutte le malattie e le loro cure, un sistema della medicina e della derrata; l'encomio di un asino, d'una pulce, o dell'ombra, della follia o dell'ozio, dell'arte di bere, di amare, o d'imbandir vivande; l'uso e l'abuso degli speroni, delle scarpe, dei guanti; la forma, l'uso, l'abuso, gli aggiunti, i congiunti, i disgiunti dei guanti.

passa alla cosa e scorre con grande esattezza e diligenza.
divide o assortisce e riordina. una bottega.
lumiera, porte bicipiti.

parts of plants, leaves of the palm tree, peels, rinds of the tilia, papyrus, skins, lead, gems; the 24 letters of the alphabet, the different voices the flowers, 120 sermons the fruits.

you cannot count seventy thousand heads, and in each head seventy thousands mouths, and in each mouth seventy thousand tongues, and in each tongue seventy thousand languages. thirty years, a good fifty new elements of geometry.

the nature of all ailments and their cures, a system of medicine and of commodity; the praise of a donkey, of a flea, or of shadow, of folly or of idleness, of the art of drinking, of loving, or of laying out a sumptuous table; the use and abuse of spurs, shoes, gloves; the form, the use, the abuse, the joined, the conjoined, the disjoined of gloves.

It goes to the thing and skims with great precision and diligence.
it divides or sorts and rearranges. a shop.
chandelier, bicep doors.

l'ultimo è la chiave del primo. mostra la sua potenza.
un numero competente fra la moltitudine e la miscela. la moltitudine è la
sola sicurezza contro la perdita totale e lo sterminio. è quella che li ha
conservati. le ingiurie, la rabbia, lo zelo, le stragi.
la solidità e la brevità, l'esattezza, quanto per qual rigettare, il disegno, i
punti, disposizione.

the last is the key to the first. it shows its power.
a competent number among the multitude and the mix. the multitude
is the only certainty against total loss and extermination. it is what has
preserved them. the insults, the anger, the zeal, the carnage.
the solidity and the brevity, the accuracy, how much and for what rejection,
the drawing, the points, disposition.

Giampiero Neri

In quel periodo difficile degli anni

della guerra civile

aveva preso parte

e subìto la prigione a Como,

occorreva stare da una parte

o dall'altra, diceva

"o di qui, o di là"

che solo lui rendeva credibile.

In that hard time during the years

of the civil war

he was part of it

he was imprisoned in Como,

you had to take one side

or the other, he would say

"either here, or there"

and only he could make it believable.

Il vasto cortile della Clerici

era sempre ingombro di casse

di pasta e zucchero

per il negozio della drogheria.

Una porta colorata in rosso

dava sul magazzino.

Era lì il suo rifugio

e adesso la sua assenza

colpiva più del rosso della porta.

The wide courtyard of Mrs. Clerici

was always crammed with crates

filled with pasta and sugar

meant for the grocery store.

A red-painted door

faced the warehouse.

That was her shelter

and now her absence

hurts more than the red of the door.

Di quella fontana stile novecento

che doveva durare

oltre le nostre vite

si è persa la traccia

morta con la sua epoca breve.

Era ridente nella sua rotondità

spensierata all'apparenza,

finita chissà dove.

Of that twentieth-century-style fountain

which should have lasted

beyond our lives

we've lost every trace.

it's dead along with its short era.

It was cheerful in its roundness

lighthearted in its look,

ended up who knows where.

Che la seconda parte della vita sia occupata a contraddire la prima è di comune esperienza, per quanto spiacevole.
Si salva poco di quello che avevamo pensato, forse niente.
Cosa rimane allora del tempo passato?
Si dice di un maestro zen che, prossimo a morire, aveva invitato i discepoli nel suo giardino e rivolto a loro, sentendo gli uccelli cinguettare sui rami, aveva detto: "È tutto questo e nient'altro".

That the second part of one's life is spent contradicting the first one is of common knowledge, however unpleasant.
So little of what we had thought is saved, perhaps nothing.
What is left then of time past?
They say that a Zen master, being close to death, had invited his disciples to his garden and addressing them, hearing birds chirping on boughs, had said: "It's all this, and nothing else".

Si riflette sulla sconfitta, non sulla vittoria.

Si cercano i perché della sconfitta e si finisce per ritenerla inevitabile.

Sulla vittoria invece si festeggia.

We reflect upon the defeat, not the victory.

We search for the reasons of a defeat and we end up thinking it inevitable.

Around a victory instead we celebrate.

Umberto Piersanti

Domenica mattina, lungo il mare

e camminavano lente
nella sabbia bianca
o immobili correvano
tra i pini,
una nebbia leggera
una velata bruma
cerchia le tante ombre
lungo il mare,
ma quete,
quasi evanescenti,
fatte quasi d'aria,
come il poeta le narra
nel più grande canto,
no, nessuna montagna
altissima da risalire
cerchio dopo cerchio
seppure querule ed incerte,
no, qui non c'era una meta,
ombre le più effimere
e perenni
nel tenero mattino
domenicale
stampate dentro l'aria
per un istante
e domani altre
nel perenne ciclo
d'alberi, acque
ed erbe che oggi
il primo, minuscolo
tarassaco rallegra
col suo giallo squillante

anche il pianeta azzurro,
coi suoi alberi e l'acque
e coi palazzi,
un giorno
solo polvere e sassi
dentro il vuoto

Sunday morning, along the sea

and they would walk slowly
in the white sand
or run motionless
among the pines,
a light fog
a dim mist
encircles the many shadows
along the sea,
but quiet,
almost evanescent,
almost made of air,
as the poet tells them
in the greatest *canto*,
no, not the highest
mountain to be climbed
gyre after gyre,
however querulous and uncertain they were,
no, here there was no destination,
just shadows, the most ephemeral
and perennial
in the tender Sunday
morning
imprinted in the air
for a moment
and tomorrow others
in the perennial cycle
of trees, waters
and grass that today
the first, tiny
dandelion delights
with its vivid yellow

and the blue planet too,
with its trees and waters
and its buildings,
some day
just dust and stones
in the emptiness

UMBERTO PIERSANTI

andiamoci un po' piano
coi pensieri
così eccessivi e smisurati,
è così morbido
il mattino,
godi dell'aria fredda
giù nella gola,
di quel fragile azzurro
che al ricordo invita,
tenace ora spunta
tra l'erbe e i sassi

con la girandola in mano
colorata,
con quel gioco
remoto e in disuso
come i suoi ricci
chiari e scompigliati,
correva il ragazzetto
a filo d'acqua,
Jacopo la tua girandola
ricordo
un giorno l'hai spezzata
e poi dissolta

con le bolle
giocavi a Fermignano
nella camera alta,
quasi una torre,
leggere si dissolvono
fra i tetti
come gli anni
e gli evi
sopra il mare.

let's be careful
with thoughts
so excessive and unbounded,
the morning
is so soft,
enjoy the chilly air
down in your throat,
such a fragile blue
that invites memories,
tenaciously springing up
among grass and stones

with a pinwheel in his hand,
colored,
with that old
and obsolete toy
like his fair
and unkempt curls,
the young boy would run
along the water,
Jacopo your pinwheel,
I remember that,
you broke it one day
and then dissolved it

you played in Fermignano
with bubbles
in the upstairs room
almost a tower,
they fade away weightless
among the roofs
like years
and eras
above the sea.

Un giorno non come un altro della vita

salgono per greppi
e sui costoni
mai così fitti
e alti e luminosi
i papaveri rossi,
t'entrano nella macchina
come lampi,
trapassano vetri
e specchi
s'intrecciano sugli occhi
e tra le mani,
ebbra la corsa
dentro quel rosso smisurato,
no, ancora non lo sai,
fugge l'ultimo anno
giovane e felice

e venne il giorno cupo,
un giorno non come un altro
della vita,
e la spagnara limpida
e compatta
quell'azzurro lieve
come l'aria
scomparve nelle tenebre
oscurata,
e s'oscurarono i cieli

A day unlike any other in life

they climb up along slopes
and ridges,
the red poppies,
never so thick
and high and bright,
they enter your car
like lightning bolts
they pierce glass
and mirrors
they weave on your eyes
and in your hands,
in a drunken ride
inside that immense red,
no, you do not know it yet,
it is the last fleeing year
young and happy

and the gloomy day arrived,
a day unlike any other
in life,
and that clear and compact
spagnara plant
that blue light
as air
faded away and overshadowed
in the dark
and the skies went dim

e tutti i campi
anche il verdone perse
il suo colore
e nero lo stridio
nere l'erbe,
nel nero che t'avvolge
e che ti schianta
le tempie fatte cupe
come il respiro

come nella pellicola
che arde e brucia
i fotogrammi tutt'attorno,
mutilata la salvano
le forbici,
in cenere si spengono
le ore che quel giorno
cerchiano, il più cupo

sì, mi restano
la casa e le figure
nella mia macchia persa
la più lontana,
quell'odore dell'acqua,
di muschio e raganella
verde e bagnato,
l'antico scalzo e biondo
che lento s'incammina
verso le nubi

dopo il ricordo cede,
i fotogrammi tutti
sono bruciati,
ma qualche brano resta,
scendi per l'aspra piana
scordi compagni e prati,
e tu e la donna entrate
soli dentro quel mare
vuoto, così remoto
e gli spini dei ricci
nella carne
la corsa non arrestano,
felice

and all the fields
even the greenfinch lost
its color
and black the hiss
black the grass,
in the black that shrouds you
and tears up
your temples turned grim
as breath

as in the film
that scorches and burns
the film frames all around,
and, wounded, it's saved
by scissors,
so the hours which circle that day,
the gloomiest,
are put out in ashes

yes, I'm left with
the house and the figures
in my vanished bush,
the farthest,
that smell of water,
of musk and tree frog
green and wet,
the ancient one, barefoot and fair-haired
who slowly sets forth
toward the clouds

and then all memory fades away,
all the film frames
are burnt,
yet some pieces remain,
you go down the harsh plane
you forget mates and meadows,
and you and the woman enter
alone inside that empty
and so remote a sea,
and the sea urchins' spines
in your skin
do not stop your run,
cheerful

oggi c'è molta luce
nella macchia,
vengono fuori bisce
al primo raggio,
tra le foglie cammino
intorpidito
come quella lumaca
dentro l'erbe
che il ragazzo toglie
da una scatola buia

e ripenso a quel giorno,
un giorno non come un altro
della vita.

today there's much light
in the bush
grass snakes come out
at the first ray of sunlight,
among leaves I walk
numb
like that snail
in the grass
that the boy picks out
of a dark box

and I think of that day again,
a day unlike any other
in life.

Silvia Fiorentino

Della prepotenza del ritratto
che vuole fissare lo sguardo,
nell'autorità del compiuto per limiti
perfetto per approssimazioni

che vuole acquistare il tuo affetto
e catturare, sadico,
il tuo amore e il tuo pensiero

che trattiene con un tempo di giorni, di date, di storia
così da fermare l'immagine, dentro
la morte del tuo spettacolo, piccola proprietà del tuo deserto
che ti porta a ricordare dietro e davanti e già sapere
per arrivare all'aura di un altro da te
e contenerla in una scatola d'oro

ma poi arrivi al tuo luogo
per sentire quell'attimo di vuoto e vedere l'animo nella sua forma

e invece ridi di gioia,
nello spazio del vuoto di te
senza paura, senza passato.

About the arrogance of portrait
which claims to fix a gaze,
in the authority of what is fulfilled by limits
perfect by default

which wants to conquer your affection
and catch, sadistic,
your love and your thoughts

which holds back in a time of days, of dates, of history
in a way as to stop the image, inside
the death of your spectacle, small property of your desert
which leads you to remember before and after and to know already
to arrive at that aura of another one than yourself
and contain it in a golden box

but then you come to your place
and feel that instant of void and see that spirit in its own form

then you laugh with joy instead,
in the space emptied of yourself
fearless, without a past.

Sotto di morbidezza e ruvidezza
loro portati a contare uno due tre, fino all'ossessione
inconsapevoli di tutto il peso,
e tenacemente attaccati a una madre crudele
a volte gelidi, a volte caldi
nel fluido ritmo del piacere che scorre
poi, invece, richiamati
al dover essere, al fuggire, al rimanere
e infine via, come macchine magnifiche.

Dicevano di te e dell'equilibrio
dicevano della misura
e dello stare
e dell'arrivare
dicevano dell'inizio.

E loro, costretti alla guerra,
levati solo per impedimento, fermi come solo per mancanza

loro, con l'impossibile compito di essere umani,
via, in equilibrio.

Difficile portare il peso della prepotenza umana.

È l'ossessione di essere.

Under softness and roughness
they, being inclined to count one two three obsessively,
unawares of all the burden,
and tenaciously grasped to a cruel mother
cold at times, or warm
in the fluid rhythm of flowing pleasure
but then, called back
to their ought-to-be, to fleeing, to staying
and off they go, like magnificent cars.

They talked about you and the balance
they talked about measure
and about staying
and about arriving
they talked about the beginning.

And they, compelled by war,
raised only by impediment, motionless as if by a lack

they, with their impossible task to be human,
off they go, in balance.

It is difficult to carry the burden of human arrogance.

It is but the obsession of being.

Si dilatavano nelle paura e nel piacere
tanto da nascondersi alla luce.

Si davano alla magnificenza del colore
si chiudevano e aprivano in attimi sospesi
e di raggi confusi si nutrivano
– il destro e il sinistro, veloci, equilibravano.

E poi ombre
per troppo tempo
occupavano tutto il loro spazio,

ed era richiesto loro troppo
nella possibilità o impossibilità
di stare vicino a dio

Poi
svuotavano tutte le loro sacche per consolarsi,
e solvere il racchiuso,

si serravano
per aprire l'animo dentro,
pari per equilibrio,

sostenevano ciò che è troppo, troppo vicino
costruivano spazi
e amori
forme
simboli.

E nel fondo si specchiava l'anima dimenticata.

They would swell in fear and pleasure
to the point of hiding from light.

They would yield to the magnificence of color
they would shut and open themselves in suspended instants
and nourish themselves with confused rays
– the right and the left one, in fast balance.

And then shadows
for too long a time
would occupy all their space,

and too much was requested of them
in their possibility or impossibility
to stand by god

Then
they would empty up all their bags for consolation,
and solve the closure,

they would lock themselves in
to open up their inner soul,
peers in balance,

they would hold up what is too much, too close
they would build spaces
and loves
forms
symbols.

And the forgotten soul would look at itself at the bottom.

Da dentro a fuori
nella congiunzione dell'energia e del liberare
e dell'influenzare ogni punto
per poi disconnetterlo e ricongiungerlo,
e come in un flusso
unirsi all'universo senza forma né parola,

facendo tacere il troppo umano,
lasciando trascorrere
della vita
il silenzio
l'attimo
l'assoluto
il grido
il negativo e il suo contrario.

Disconnettendo e riconnettendo, la misura della vita
la crudeltà del vivere, colta solo nell'opporsi al fluire.
Ci si dà con fatica,
immaginando l'altro,
mentre la vita è nel soffio
e la sua forma e identità dove non l'avresti cercata mai,
troppo vicino.

Se ne va con l'aria il soffio,
non disperare di senso e segno,
sono l'attimo che puoi lasciare.

From inside out
In the link between energy and liberation
and every point's influence
to disconnect it and re-join it
and, as in a flow,
merge with the universe without form nor word,

silencing the all too human,
letting the quiet
of life
elapse
the instant
the absolute
the cry
the negative and its opposite.

Disconnecting and re-connecting, the measure of life
the cruelty of living, caught opposing itself to the flow.
We surrender with great effort,
by imagining the other,
while life is in the breath
and its form and identity where you would never look for it,
being too close.

A breath fading away with air,
but don't give up hope about sense and sign,
they are the instant you can always leave.

SILVIA FIORENTINO

Sentivano di avere un dovere troppo
grande
il compito del segno e dell'illusione
portava in sé bellezza e armonia

un rapporto, dentro, di mille ossa
che rimandavano l'una all'altra
così da essere macchina perfetta

e poi per il peccato e per l'invidia degli dei
uccidevano
spezzavano, indurivano,
accarezzavano,
stringevano, toccavano
sentivano, picchiavano

e poi facevano, un po' per tutti,
cibo, affetto, doni.

Doppi, verso due mondi diversi,
cuore e ragione,
anima e simbolo,
spirito e terra
magnifiche nella loro incoscienza
terrifiche,
nel rigido compito della realizzazione,

portavano via e si tendevano ancora
nella prepotenza del segno, dell'umano
nel dominio dell'evoluzione
rappresentavano,

e poi di nuovo, scollegate,
percorrendo incoscienti l'anima
con un battito
richiamavano il dio vicino
creavano
là dove il segno sa di oro e bianco
abbracciavano la vita in un urlo
in una perfezione di accoglienza.

They felt they had a duty too
huge
the task of sign and illusion
carried with it beauty and harmony

inside, a connection of a thousand bones
bouncing back from one another
in order to be a perfect machine

and then because the gods sin and envy
they killed
they broke, they hardened,
they caressed,
they held tight, they touched
they felt, they hit

and then they made food,
affection, gifts, for all.

They were double, toward two different worlds,
heart and reason,
soul and symbol,
spirit and earth
magnificent in their recklessness
terrifying,
in their rigid task of realization,

they carried away and stretched
in the arrogance of the sign, of the human
within the domain of evolution
they represented,

and then back again disconnected,
going through the soul, recklessly
in a blink
they called the god close by
they created
wherever the sign tastes like gold and white
they embraced life in a howl
in a welcoming perfection.

SILVIA FIORENTINO

Sandro Olimpi

Frane

Vanno e vengono come triste niente
le sorprese dei giorni,
come le rondini
che fanno fiorire il cielo di segni
e suoni
che l'aria dimentica ancor quest'anno
nell'affanno d'altri ricordi.

L'andare sottile alle soglie e l'acqua
                    – città lesa d'un fianco, alla deriva
                    arresa al lato, lamento –
orfano d'un viaggio il disegno
su tagli interrotti di pietra e mattone,
onice zaffiro diaspro calcedonio
di mille soli e mille lune legno,
lagna e schianto nell'oscurità.

                    "Sto solo con le stelle" sopra e sotto
fra riflessi d'oro bianco e vetro,
l'orizzonte qui è
refolo, é
linea d'acqua dove acqua si cela.

Landslides

The surprises of the days
come and go as sad nothingness
like the swallows
that make the sky bloom with signs
and sounds
that the air once more forgets this year
in the frenzy of other memories.

The subtle motion to the threshold and the water
                    – city wounded on one side, adrift,
                    surrendered to the side, lament –
a journey's orphan is the drawing
on interrupted slabs of brick and stone
sapphire onyx jasper chalcedony
wood of a thousand suns and a thousand moons
whine and crash in the dark.

                    "I am alone with the stars" above and below
between reflections of white gold and glass,
the horizon here is
a gust of wind, it's
water line where water steals away.

Ansia e nuvola all'istmo, intaglio di sguardi le altezze:
è evasa la verità, sparso
l'ordine degli specchi il remo il sale,
passato il sibilo sordo del verso, il giglio
che porta via il ritorno con sé
e un rivolo di memoria.

E parto con lo scenario in spalla
dice T., lontano un labirinto, un trucco
e una sirena afona d'un sogno
che freme fughe di nebbie
lungo la linea ove ogni cielo è mare.

Così l'andare, il restare.
Così l'infinito è rincorsa d'un ricordo
ogni volta e
per sempre
fra spalle che celano bordi e mistero
di pelle interrotta o la vita segreta
mossa al profilo dalla luce.

L'andare ancora è eco d'un lamento
– o d'un canto che si sporge opaco –
in fondo al rischio di non più tornare,
scintilla
liuto in Atlantide che non sarà più,
clamore
oltre la linea
dove ogni altro cielo
è ancora mare
o tremore.

Lenta, a stare,
la nuvola
muove l'ombra
della tenda
        ed orla
una terra fantasma
che emerge
            o vola
fra l'argento delle onde,

Angst and cloud at the isthmus, heights are carvings of looks:
truth is evaded, dispersed
the order of mirrors, the oar the salt,
the verse's deaf whistle has passed, the lily
which carries away the return
and a rivulet of memory.

And I leave with the scenario on my shoulder
says T., a maze away, a trick,
and a voiceless foghorn of a dream
which frets the flight of fog
along the line where every sky is sea.

And so it goes, and so it stays.
And so infinity is the chasing of a memory
every time and
forever
between shoulders which hide edges and mystery
of interrupted skin or the secret life
moved by the light on one side.

Going ahead is the echo of a lament
 – or of a song which bulges opaque –
at the risk of returning no more,
it sparkles
like a lute in Atlantis that will no longer be,
clamor
beyond the line
where every other sky
is still sea
or tremor.

Slow, hanging on,
the cloud
moves the shadow
of the curtain
          and hems
a phantom land
which emerges
          or flies
amid the silver of the waves,

notte qui,
la luna spande
il suo trapezio di luce
sul tappeto che trema.

Urla, says:
        questa è tradizione
        questo è Sagetrieb
 – dice il Maestro *proporzione* –
in questo tempo che non è più vertigine
non sia eco o apnea,
urla...

Chiglia ai flutti sarò

         – ancora Mare Divo! –
il tempo in mezzo
mentre un angelo nascosto all'angolo in alto
arrotola l'azzurro muto sul piano
o un volo al vertice opposto
che non vede
del sentire e dello svanire.

Aldilà del mare rinasce un motivo
ancora uno, ogni volta,
illusione, colonne e fuoco che avvolge le acque
e non è fatica a far finta d'esser morti
lungo i bordi slabbrati d'ogni rinascita:
ogni volta è fuga e melodia,
un accordo che vibra non visto,
petali sparsi in aria d'un iris
che si nasconde al suo profumo
questo andare morbido che
trama e accosta tramonti,
è Stige che si ribagna
questua,
s'aggrappa alle onde d'una nenia
        – triste come tutte le nenie sanno d'essere –

Stare, andare:
ho vegliato ricordi
anche qui,
dove risorgono gli abbandoni.

---

night here,
the moon spreads
her trapezoid of light
on the shaking carpet.

Scream, he says:
         this is tradition
         this is Sagetrieb
− the Master says *proportion* −
in this time which is no longer vertigo
nor echo or apnea
scream...

Keels at the waves will I be
                              − still Divine Sea −
the time in between
while an angel hidden at the top corner
rolls up the silent blue on the plane
or a flight at the opposite summit
he is blind
to hearing and disappearing.

Beyond the sea a motive is born again
one more, every time,
illusion, columns, and fire which envelops the waters
and it is no struggle pretending to be dead
along the frayed borders of every rebirth:
every time it's escape and melody,
a harmony which quivers unseen,
petals spread in the air, of an iris
which hides from its perfume
this soft motion which
plots and pulls together sunsets
it is the Styx which soaks itself again
it begs,
it grabs on to the waves of a dirge
                    − as sad as all dirges can be −

Staying, going:
I have guarded memories,
even here,
where abandonments rise up.

Frammenti

...
Incatenato
fra questa notte scura
che sale fra le frasche d'un tramonto
rimesto sordo allo scorrere del vento
dove s'allunga l'ombra della vita
e sorprende, antico,
il bordo cieco d'un rimario
che ignaro impolvera la scena.

Liebende Konnten, noi soli quaggiù
nel tacere del resto;
la luna è l'avanzo d'uno sbaglio
che aggioga un sogno
legato ad un gancio d'un abbaglio.

> Chi s'intriga più del cantuccio
> dove s'intigna l'agave
> e fra la gramigna rimbalza
> un sibilo (una voce),
> la delazione del coro

Fragments

...
In chains
amidst this dark night
which rises between the branches of a sunset
I stir, deaf to the flow of the wind
where the shadow of life stretches
and the blind side of a rhymer
which, unawares, covers the scene with dust,
surprises, ancient.

Liebende Konnten, we alone down here,
in the silence of what's lest;
the moon is the remnant of an error
which subjugates a dream
bound to the hook of a blunder.

                    Who is more intrigued than the nook
                    where the agave is moth-eaten
                    and amid the weeds
                    a hiss (a voice) spreads
                    the betrayal of the choir

che schiuma rimbrotti d'ogni dove
        ed elenca l'inventario dei fantasmi
        che fingo di non rammentare
        mentre fingi di risparmiarmeli.

La strada è usata abitudine
non semina ombre e non ti raggiunge
ed è notte
quando transita su una riga di luci
al passo che tace di noi,
l'onda dei fianchi, il cerchio della luna,
il bordo bianco dello sguardo.
…
Questo che giace felice e liquido agli occhi è tempo
d'orgia di preghiere e
fischia un vento sordo di melodie negli otri:
così vaga stava l'eternità.

Ultimo verso è
il caldo che trema le foglie dell'acero
ai bordi e fra il fumo

volti e dialoghi
come le nuvole
nel sereno.
…

which foams reproaches from everywhere
                and lists the inventory of ghosts
                which I pretend I don't recall
                while you pretend to protect me from them.

The road is customary habit
it does not sow shadows nor reaches you
and it's night
when it transits on a line of lights
at a pace that keeps silent on us,
the wave of the hips, the circle of the moon
the white edge of the gaze.
...
That which lies happily and fluid to the eyes is a time
for an orgy of prayers and
a wind deaf to the melodies of the wineskins:
so vague was eternity.

Last verse is
the heat which shivers maple leafs
at the edges and amid the smoke

faces and dialogues
like clouds
in the clear sky
...

Stelvio Di Spigno

Fine settembre

Si presentano a orari in cui ognuno prende il volo
verso le sette di sera quando ancora c'è il sole
e con i loro gridi prendono forme umane,
un gigante, per esempio, o un volto conosciuto,
tanto che l'occhio non distingue il perché del movimento
e vorrebbe saperne di più, ma questi stormi
fanno a gara con corriere e treni di fortuna
a sparire per primi, risucchiando
il brusio dei pendolari, la stanchezza dei passi,
la finzione di tutto.

Vanno dove si disperdono altre voci,
questa volta scaturite dalle case in lontananza,
e c'è chi come noi ricorda vagamente
dove abbiamo ascoltato per primi
le parole che non hanno ritorno.

End of September

They come at that time when everyone takes flight
around 7pm when the sun's still out
taking human form through their screams,
like that of a giant, for example, or a familiar face
so that the eye can't make out their movements
and is left longing, but these flocks
race with buses and improvised trains
to be the first to disappear, sucking out
the commuters' buzz, the fatigue in their steps,
the fiction of it all.

They go where other voices disperse
this time gushing from houses in the distance,
and there are those who, like us, vaguely remember
where we first heard
irretrievable words.

Pietra focaia

Vive il mondo con noi, il mondo a luci gialle,
le luci gialle del tunnel del Gran Sasso.

Ci siamo entrati in questo buco nero
è qui che torna lo sterno del passato
con quello stesso odore di quando moriremo
tra i ghiacci polari e le bocche del deserto.

Tutto quello che non siamo e non saremo
è dentro questo tunnel intestinale
e finirà con la crociera solare
della gente perduta per sempre
quando torneremo nella luce diritta.

E se ci disturba questo corpo a corpo
tra l'amore distrutto e il tempo ammutolito
dovrò mettere
una pietra sulla piastra e fare luce col gas:

le scriverò come fossero al passato
le scintille che si incastreranno
oltre il buio della stanza, stasera.

Flint

The world lives with us, the yellow-light world,
the yellow lights of the *Gran Sasso* tunnel.

We entered this black hole
this is where the sternum of the past returns
with the same smell we'll have when we die
between polar ice and desert mouths.

Everything we are not and will never be
lies inside this intestinal tunnel
and will end with the solar cruise
of people lost forever
when we return to the straight light.

And if we are bothered by this wrestling
between crushed love and silenced time
I'll have to put
a flint on the stove and light the room with gas.

I will write to her as if they were in the past,
the sparks that will get trapped
beyond the room's darkness, tonight.

Dissolvimento

A mio padre

Diciamo pure ch'eri fatto come una miccia o una stiva
che ti attaccavi anche all'aria che non respiravi
perché sapevi cos'era perdere ogni cosa
all'improvviso o lungamente, calpestandoti o guarendo.

Fissandomi all'interno dei tuoi pensieri irreali
guarda come la tua vita s'è incuneata nella mia,
trasformandoti sempre e modificando anche me
che ora perdo scrivendoti e ricostruendoti altrove

così lontano da casa da non sapere dove
ci siamo mai visti, conosciuti o rinfacciati,
se fossimo mai nati e se è vero che eravamo.

Dissolution

To my father

Let's just say that you were made like a fuse or a hold
that you would even cling to the air you didn't breathe
because you knew what is like to lose everything
whether suddenly or gradually, by treading on yourself or healing.

Fixing myself to your unreal thoughts
look at how your life got wedged into mine,
always changing you and changing me too,
I now lose as I write and remake you elsewhere

so far from home as not to know
where we ever saw, met or confronted each other,
if we were ever born or if we had been at all.

Moderato con violenza

Come un mare non ancora potato né descritto
strappa via da sé ogni alga e corallo
e resta nudo come fosse stato dragato
mentre arriva pianissimo alla pagina

ma dopo è difficile parlarne,
di questa creatura che dorme al sole
senza pensare a persone
che hanno strappato da sé la propria vita

con un ferro rovente o una tenaglia
da criminale, senza un vero motivo,
solo per farsi più male o perché l'hanno sentita
questa voglia di annullarsi per essere obbedienti

pensiamo a negozi con la serranda a mezz'asta
a barche capovolte sotto il pelo dell'acqua
a uomini colpevoli come me, insomma,
che ancora di questa colpa chiedono ragione.

Moderato with violence

Like a sea not yet pruned nor described
tears off every seaweed and coral
and is left naked as if dredged up
as it slowly reaches the page

but afterwards it's difficult to talk about
this creature sleeping in the sun
without thinking about people
who tore their own lives away

with a red-hot iron or a thief's
pincers, without a real motive
solely to hurt themselves more or because they felt
this yearning to quash themselves to be obedient

let's think of shops with a half-closed shutter
upside-down boats right under the water surface
guilty men like me, then,
who are still wondering what they are guilty of.

L'innocenza

Sembra proprio che ci rivedremo presto
quando scadrà il biglietto della mia vita a ritroso
perché eravate l'antico il buono l'onesto fatto carne
con quel vostro profumo di zie dell'Ottocento
tutte cipria colonia e fazzoletti ricamati,
portavate la bellezza di una volta e la grazia di ogni cuore
quando uscivate dalla tana per venire lì da noi
in quei palazzi così orrendi che nessuno ha mai cercato
neanche di dargli una mano di cemento un po' più umano,
io affondavo nell'odore nei seni nei corpi
giocavamo a raccontarci di tempi lucenti
come fosse possibile abitarli di nuovo,
scendevate da un pullman di escrementi umani
perché è questo che si trova in ogni periferia,
e se ora siete in prima fila in paradiso
o in qualche stella o universo parallelo in contromano,
scommetto che ancora sferragliate con la lana
e che ora mi ascoltate più di quando c'eravate,
parlate a chi comanda la quadriglia della vita
perché io possa venire a farvi compagnia,
fate quest'ultimo regalo a quel bambino,
non ho mai conosciuto nessun mondo oltre il nostro
e se avete qualche scrupolo a chiamarmi così presto
dite a tutti che ero vivo e vero solo accanto a voi,
fate questo in memoria di chi oggi vi ricorda.

Innocence

It really looks like we'll see each other shortly
when the backward ticket of my life expires
because you were the old, the good and the honest made flesh
with your perfume of 19th century aunts
all face powder, cologne and embroidered handkerchiefs
you would carry beauty of old and the grace of every heart
when you would leave your lair to come to us
in those buildings so horrible that no one ever tried
to apply another, more human, cement coating to them,
I was sinking into the scent the breasts the bodies
our game was recounting shimmering times
as if it were possible to relive them
you would get off a bus of human excrements
that's what you find on the outskirts of the city
and if you now have front row seats in paradise
or in some backward star or parallel universe
I bet you are still clattering with wool
and listening to me now more than before,
talking to those who lead the square dance of life
so that I can come and join you,
make this last gift to that child
I have never known another world besides ours
and if you are concerned about calling me so early
tell everyone that I was alive and true only next to you
do this in memory of those who remember you today.

Paolo Febbraro

Iscariota

«Parlare? Avete già detto in molti
e mi fido. Proprio come quando
m'arresi al suo fianco,
al giro e al fuoco della compagnia.
Fu come addormentarsi, il primo sogno.
Ma da seduti la sua schiena dritta
mi disturbava, e la sua voce lieve:
rigide e dolci come un'assoluzione.
Perciò nella fragranza dei miracoli
sentivo mischiato un odore asciutto,
il rotolo a frange della Legge.
Un ennesimo sacerdote, troppa
poesia. Sfogliai più lesto,
conobbi il finale. E Calice
e Croce. Accolsi il suo suicidio
verbale, strappai dal volume
la riga più mia. M'avvidi oscillando
che stavo scrivendo dall'albero
il cigolio delle vostre».

Iscariot

"Talk? I trust what so many
of you have said. Just like when
I surrendered by his side,
in the ring and fire of the fraternity.
It was like falling asleep, the first dream.
But when we'd sit down his straight
back bothered me, like his gentle voice:
unbending and sweet as an absolution.
Which is why mixed in the fragrance
of miracles I smelled something parched,
the frayed scroll of the Law.
Yet another priest, too much
poetry. In haste I turned the pages
to get to the end. To the Chalice
and Cross. I welcomed
his verbal suicide, tore from the book
the line most mine. And swinging realized
that from the tree I was writing
your own squeaky lines."

Fine seduta

Riaffiora. La porta dello studio aperta
sul congedo al paziente – il rapitore –,
lei compie in sette passi il corridoio
da cinque. Ecco l'incedere minuto,
l'entrare dalla porta a vetri,
resto di allarmi e nubi alle tempie.
Altro corridoio
da cui veniva nella stanza nera
la sigla del primo radiogiornale
e i genitori al primo litigio
e forse l'ultimo. Non poter compiere
quei cinque passi di distanza,
per la mia infanzia di allora, sette.

Session's Over

She resurfaces. Office door open
she sees the patient – her abductor – out,
taking seven steps to manage
the five-step hallway. Her gait,
minute, the entrance via the glass door,
remains of alarms and clouded temples.
Another hallway
from which the radio morning news
and the first – or last –
of mom-and-dad's fights
blitzed the black room. No way
for a child to manage those five steps:
for me they measured seven.

James a Nora, 1941

«A lungo andare, dovevo saperlo,
la tua bellezza mi avrebbe accecato.
Oppure si sottrasse a me da subito
e nei miei occhi è rimasto il lume
di una tua astuta dilazione,
progetto d'opere e canto – Sì –
di nostra mano, disturbo al mondo.
Vogliono i poeti, di sé stesse inconsce,
le donne pallide e infinite».

James to Nora, 1941

"In the long run, I should have known,
your beauty would have blinded me.
Or it withdrew from me right off
and in my eyes was left the light
of a wily delay of yours,
of envisioned ventures, and song – Yes –
that we'd forge, to disturb the world.
It's poets that women, infinite and pale,
of themselves unconscious, want."

La domenica dell'ultima messa
entrai guerriero in abito di pace
e intrepido uscii senza l'anima,
carne angolosa adolescente,
luce finalmente moritura.
E quale la promessa del vangelo,
il rassegnarsi dell'omelia,
la scialba nenia del responsorio?
Il Padre si spegneva al chiuso
del tabernacolo, si smaltavano
i santi in preghiera di gesso e il figlio
via sanguinava dall'altare.

On the Sunday of the last mass
I entered, a warrior dressed in peace,
and exited brazen and soulless,
scrawny adolescent flesh,
light on the wane, finally.
And what of the Gospel's promise,
the resigned homily,
the listless lull of the responsory?
The Father died out in the dark
of the tabernacle, the plaster saints
in prayer got polished, and the son,
bleeding, fled the altar.

Non è poesia

I diciottenni al funerale del coetaneo
ascoltano stretti in nero
sui banchi della chiesa il prete
che dice due o tre volte «Daniele»
e subito lo scorda in sequenze d'angeli,
dolori che innalzano e vita eterna
a cui il Signore chiama dai recessi
del peccato. «Non è poesia», conferma,
«è la certezza della nostra Chiesa».

Il paramento è viola, dice lutto.
Evapora, da vivo, il ricordo, siede
la religione. E arde fingendo un luglio
il sagrato di questa fine settembre,
splende non lontana, lamellare,
la lunga memoria del mare.

It's not poetry

The eighteen-year olds at their friend's funeral
listen, wearing black, huddled in the pews
of the church, to the priest
who two or three times says "Daniel"
only to forget him in sequences of angels,
of lifted woes and eternal life
to which the Lord calls from the pits
of sin. "It's not poetry," he confirms,
"but the surety of our Church."

The vestments are purple, signify mourning.
The living memento evaporates, religion
sets in. And the courtyard, faking a July day,
burns in this close of September;
not far off, the long
lamellar memory of the sea.

POETS' BIOGRAPHIES

ANTONELLA ANEDDA
Born in Rome, she has written a number of award-winning volumes of poetry and essays, among them the Eugenio Montale Prize, in 2000. Her latest book of poetry is *Salva con nome* (Mondadori, Milano, 2012. Viareggio Prize). Her other poetry collections are: *Notti di pace occidentale* (Donzelli, Roma, 1999), and *Dal Balcone del corpo* (Mondadori, Milano, 2007). Her other works are: *Come solitudine*, dedicated to Grazia Deledda's short stories, *La vita dei dettagli, Isolatria*, and *Viaggio nell'Arcipelago della Maddalena* (Laterza, Bari, 2013). She has translated classics such as Ovid and contemporary poets including Philippe Jacottet and Anne Carson. She has worked with artists and musicians like Jenny Holzer and Paolo Fresu. In 2014 she was awarded the Puskin Prize for her non-fiction and poetry. In 2014 she published the anthology *Archipelago* for the publisher Bloodaxe, U.K., translated by poet Jamie McKendrick.

GIAN MARIA ANNOVI
He lives in Los Angeles, where he teaches Italian literature at the University of Southern California. He has published *Denkmal* (l'Obliquo, Brescia, 1998); *Terza persona cortese* (d'if, Napoli, 2007); *Self-eaters* (CRM, 2007); *Kamikaze e altre persone* (preface by Antonella Anedda, Transeuropa, Massa, 2010); *Italics* (Nino Aragno Editore, Torino, 2013); and *La scolta* (Nottetempo, Roma, 2013). His poems are in a number of anthologies such as *L'opera comune* (Atelier, Pistoia, 2001); *Parco Poesia* (Guaraldi, Rimini, 2003); *Nodo sottile 4* (Crocetti, Milano, 2004); *Poesie dell'inizio del mondo* (Derive&Approdi, Roma, 2007); *Calpestare l'oblio* (Cattedrale, Ancona, 2010); *Poeti italiani in America* (In forma di parole, 2011); and *Poeti degli anni Zero* (Ponte Sisto, Roma, 2012). In 2006 he won the Premio Mazzacurati-Russo for unpublished poetry. He has translated a number of North American poets, and he writes for "Alias" of Il Manifesto.

NADIA AGUSTONI
She has published with Gazebo Edizioni (Firenze) the followed poetry books: *Grammatica tempo* (1994); *Miss Blues e altre poesie* (1995); *Icara o dell'aria* (1998); *Poesia di corpi e di parole* (2002); *Quaderno di San Francisco* (2004); *Dettato sulla geometria degli spazi* (2006); *Il libro degli Haiku bianchi* (2007); *Taccuino nero* (*Le voci della Luna*, Sasso Marconi 2009); *Il peso di pianura* (LietoColle, Faloppio, 2001); *Il giorno era luce* (Il Pulcino elefante, Milano, 2011); *Le parole non salvano le parole* (Libri d'arte Seregn de la memoria, Seregno, 2011); *Il mondo nelle cose* (LietoColle, Faloppio, 2013).

MARIO BENEDETTI

He lives in Milan. He has published the poetry collections: *I secoli della Primavera* (Sestante, Bergamo, 1992); *Una terra che non sembra vera* (Campanotto, Pasian di Prato, 1997); *Il parco del Triglav* (Stampa, 1999); *Umana gloria* (Mondadori, Milano, 2004); *Pitture nere su carta* (Mondadori, Milano, 2008); *Materiali di un'identità* (Sossella, Roma, 2010); *Tersa morte* (Mondadori, Milano, 2013). He has translated Michel Deguy's poetry anthology *Arresti frequenti* (Sossella, Roma, 2007).

ELENA BUIA RUTT

She is a journalist for the "Osservatore Romeno," translator and poet. For many years she has collaborated with RAI on literary TV programs. Among numerous translations, she has translated the poems of Rowan Williams, former Archbishop of Canterbury, into Italian (*La dodicesima notte*, Ancora, Milano, 2008); a volume of texts by Flannery O'Connor (*Il volto incompiuto*, Rizzoli, Milano, 2011), and a selection of poems by the American poet Mary Oliver (Marcos y Marcos, Milano, 2013). Her poems have been included in several anthologies, and her first book of poems *Ti stringo la mano mentre dormi* (Fuorilinea, Monterotondo) was published in 2012.

ANTONIO BUX

He lives between Spain and Italy. His poems are in a number of anthologies such as *A sud del sud dei santi – Sinopsie immagini e forme della Puglia poetica. Cento anni di storia letteraria* (LietoColle, Faloppio, 2013), and in a number of national, and international magazines and poetry lit-blogs. He has been translated into Spanish, French, English, German, Catalan, and Serbian. He has translated *Ventanas a ninguna parte* by Javier Vicedo Alós, and a number of poets such as: Leopoldo María Panero, Dário Jaramillo, Álvaro García, Antonio Cabrera, Jaime Saenz, Pedro Salinas, and Vicente Aleixandre. His poetry books are: *Disgrafie. Poesie 2000-2007* e altre poesie (Edizioni Oédipus, Salerno-Milano, 2013); (XXXVII edition of the Minturnae Prize "Ornella Valerio"); *Trilogia dello zero* (Marco Saya Edizioni, Milano, 2012); (finalist XXVII Edition of the Lorenzo Montano Prize); *Turritopsis* (Di Felice Edizioni, Martinsicuro, 2014); *23 fragmentos de alguien* (written in Spanish, bilingual edition; Ediciones Ruinas Circulares, Buenos Aires, 2014); *Sistemi di disordine quotidiano* (Achille e La Tartaruga edizioni, Torino, 2015). He won the Iris Prize in Florence in 2014 and was a finalist for the Street Poetry award in the same year. He writes for several cultural pages on the web. antoniobux.wordpress.com

BIAGIO CEPOLLARO

Poet and visual artist, he lives in Milan. He was a co-founder of the magazine "Baldus" (1990-1996) and co-promoter of Gruppo '93. He has published the poetry collections: *Le parole di Eliodora* (preface by Carlo Villa, Forum/Quinta generazione, 1984); *Scribeide* (preface by Romano Luperini, Manni, Lecce, 1993); *Luna persciente* (preface by Guido Guglielmi, Mancosu, Roma, 1993) and *Fabrica* (preface by Giuliano Mesa, Zona, Arezzo, 2002) which belong to the trilogy *De requie et natura*; *Versi nuovi* (preface by Giuliano Mesa, Oedipus, Salerno, 2004); *Lavoro da fare* (afterword by Florinda Fusco, e-book, 2006 with Di Felice Edizioni); *Le Qualità*, (La Camera Verde, Roma, 2012); *La curva del giorno* (L'arcolaio, Forlì, 2014). He is in several Italian and foreign anthologies, including: *The Promised Land, Italian Poetry after 1975* edited by Luigi Ballerini e Paul Vangelisti (Sun &Moon Classics, Los Angeles, 1999); *Twentieth-Century, Italian Poetry* (University of Toronto Press, Toronto, 1993); *Italian Poetry, 1950-1990* (Dante University Press, Boston 1996); *New Italian Writing*, ("Chicago Review", n. 56, 2011). As a visual artist he has had many exhibitions in Italy and abroad.

VLADIMIR D'AMORA

A poet and a scholar of Romance and Classical Philology and Philosophy, he lives and works in Naples. He is the co-director of the multilingual digital philosophical journal Vulgo.net. He has published the poetry collection: *Pornogrammia* (Emilio Mazzoli, Modena, 2015).

ROBERTO DEIDIER

Born in Rome, he lives between Rome and Sicily, where he is professor of Comparative Literature at the University of Enna "Kore." His poems are collected in the volume *Il passo del giorno* (Mondello Prize, 1995); *Libro naturale* (Edizoni dell'Ombra, Salerno, 1999); *Una stagione continua* (Pequod, Ancona, 2002); *Il primo orizzonte* (San Marco dei Giustiniani, Genova, 2002); *Solstizio* (Mondadori, Milano, 2014, prize L'Aquila: Laudomia Bonanni). In 2011 he published the book of translations: *Gabbie per nuvole* (Empiria, Roma).

STELVIO DI SPIGNO

He was born in Naples and holds a doctorate in Italian Literature from the University "Orientale" of Naples. He has written articles and essays on Leopardi, Montale, Gadda, Pavese, and Zanzotto, together with the monograph *Le memorie della mia vita di Giacomo Leopardi. Analisi psicologica comportamentale* (L'Orientale casa Editrice, Napoli, 2007). He collaborated on the critical yearbook *I Limoni under the guidance of Giuliano Manacorda*. He has published the poetry collections: *Il mattino* (Seventh Italian Notebook, by Franco Buffoni. Marcos y Marcos, Milano, 2001); *Mattinale* (Sometti, Mantova, 2002. Andes Prize; 2nd edition, Caramanica, Marina of Minturno, 2006. Calabria Prize); *Formazione del bianco* (Manni, Lecce, 2007. Finalist Sandro Penna Prize); *La nudità* (Pequod, Ancona, 2010); *Qualcosa di inabitato with Carla Saracino* (EDB, Milano, 2013).

ANNA MARIA FARABBI

She lives in Perugia. Among her poetry collections: *Firmo con una gettata d'inchiostro sulla parete* (Scheiwiller, Milano, 1996); *Fioritura notturna del tuorlo* (Tracce, Pescara, 1996); *Il segno della femmina* (LietoColle, Faloppio, 2000 with cd); *Adluje'* (Il ponte del sale, Rovigo, 2003); *Kite* (Studio Calcografico, Urbino, 2005); *La magnifica bestia* (Travenbooks/Alphabeta; bilingual Italian and German, 2007); *Segni* (Studio Calcografico, Urbino, 2008); *In Nomine* (Due Lire, Santa Croce sull'Arno, 2008); *Larosaneltango* (Studio Calcografico, Urbino, 2008); *La neve* (Il Pulcino Elefante, Milano, 2008); *La luce esatta dentro il viaggio* (Aljon, Villapiana, 2008); *Solo dieci pani* (LietoColle, Faloppio, 2009); *Avemadrìa* (LietoColle, Faloppio, 2011); *Biblioteca* (in Almanacco dello specchio, Mondadori, Milano, 2011); *Abse* (Il ponte del sale, Rovigo, 2013).

PAOLO FEBBRARO

Born in Rome, he is a poet and essayst. His poetry collections are: *Il secondo multa* (Marcos y Marcos, Milano, 1999); *Il Diario di Kaspar Hauser* (L'Obliquo, Brescia, 2003); *Il bene materiale* (Scheiwiller, Milano, 2008); *Fuori per l'inverno* (Nottetempo, Roma, 2014). As a literary critic, he has worked on Aldo Palazzeschi, Umberto Saba, and Primo Levi, while his two most recent essays are *L'idiota. Una storia letteraria* (Le Lettere, Firenze, 2011), and *Leggere Seamus Heaney* (Fazi, Roma, 2015).

SILVIA FIORENTINO

Born in Milan, she is an artist, who over the years has developed different forms of expression. Since 1987 she has exhibited her works (installations, drawings, sculptures, videos) at the Venice Biennale, the Galleria Decalage in Milan, Mole Vanvitelliana in Ancona, and the Galerie Ariadne in Vienna. Her poems are published in *Poesie* (Aracne, Roma, 2010).

MARIANGELA GUATTERI

Born in Reggio Emilia, she is co-editor of the bilingual books "Benway Series," by GAMMM.org and organizer of cultural events "Ex.it – Materiali fuori contest." She has published books in poetry and prose, in addition to being a visual artist. She has edited the book by Pietro D'Agostino Carta da viaggio/Alight, (Benway Series, Colorno, 2014). Among her publications in prose: *La cognizione dello spazio/La connaissance de l'espace* (with French translation by Michele Zaffarano, Benway Series – Feuilles, Colorno, 2014); *Figurina enigmistica* (IkonaLíber, Roma, 2013); *Casino Conolly* (in EX.IT2013, Tielleci, Colorno, 2013); *Il secondo nome* (Arcipelago, Milano, 2012); *Tavola delle materie* (diyfferx, on web 2012); *Nuovo soggettario* (diyfferx, on web 2011). Her latest book of poetry is *Stati di assedio* (Anterem, Verona, 2011. Lorenzo Montano Prize).

ANDREA INGLESE

He lives in Paris. He has published the essays: *L'eroe segreto. Il personaggio nella modernità dalla confessione al solipsismo* (Dipartimento di Letterature Comparate, Cassino, 2003); and *La confusione è ancella della menzogna* (Quintadicopertina, 2012). Among his poetry books: *Inventari* (Zona, Arezzo, 2001; *Colonne d'aveugles* (Le Clou Dans Le Fer, Reims, 2007); *La distrazione* (Sossella, Roma, 2008; Montano Award, 2009); *Commiato da Andromeda* (Valigie Rosse, Livorno, 2011; Ciampi Award); *Lettere alla Reinserzione Culturale del Disoccupato* (Italic Pequod, Ancona, 2013); *La grande anitra* (Oèdipus, Salerno, 2013). Among his prose works: *Prati/Pelouses* (La Camera Verde, Roma, 2007); *Prosa in prosa* (Le Lettere, Firenze, 2009); *Quando Kubrick inventò la fantascienza. 4 capricci su 2001* (La Camera Verde, Roma, 2011); *I miei pezzi in Ex.it* (La Colornese, Tielleci, 2013). He has edited the anthology by French poet Jean-Jacques Viton, *Il commento definitivo. Poesie 1984-2008* (Metauro, Pesaro, 2009). He is one of the founders of the literary blog " Nazioneindiana", and he is on the editorial board of "alfabeta2."

BIANCA MADECCIA

She is a poet and visual artist. She has published: *L'acqua e la pietra* (LietoColle, Faloppio, 2007); *Tempo* (FiloDiPartenope, Napoli, 2009); *Dei tre modi del camminarti* (FiloDiPartenope, Napoli, 2009); *Variazioni sul buio* (Confronto, Gaeta, 2010); *Ancore Stellari* (Maison de Ronsard, Tours, 2011). Her poems, stories, and essays have appeared in numerous magazines and anthologies such as "Poesia" di Crocetti, "La Mosca" of Milan, "La Stampa," "Ellin Selae," "Ctonia," "FemminartReview," "Mangialibri," "La dimora del tempo sospeso," "Viadellebelledonne," "Vico Acitillo, "La poesia e lo spirito," "Nazione Indiana," "LucaniaArt," "Blanc de ta nuque," "Poesia 2.0." She is also author and director of video-poems.

GIAMPIERO NERI

Pseudonym of Giampiero Pontiggia, he was born in Erba (Como), and lives in Milan. He published his first book, *L'aspetto occidentale del vestito* (Guanda, Milano) in 1976. He has also published: *Liceo* (Acquario Guanda, Milano, 1986); *Dallo stesso luogo* (Coliseum, Milano, 1992); *Teatro naturale* (Mondadori, Milano, 1998); *Poesie 1960-2005* (Mondadori, Milano, 2009). His latest books are: *Paesaggi inospiti* (Mondadori, Milano, 2009); *Il professor Fumagalli e altre figure* (Mondadori, Milano, 2012).

GIULIA NICCOLAI

She lives and works in Milan. In the Seventies she founded the poetry magazine "Tam Tam" with Adriano Spatola. In 1985, after a severe illness, she encountered Tibetan Mahayana Buddhism and became a Buddhist nun in 1990. Her main poetry collections are: *Il grande angolo* (prosa, Feltrinelli, Milano, 1966); *Harry's Bar e altre poesie (1969-1980)* (Feltrinelli, Milano, 1981); *Frisbees (poesie da lanciare)* (Campanotto, Pasian di Prato, 1994. Feronia Prize, 1995); *Esoterico biliardo* (prosa, Archinto, Milano, 2001); *La misura del respiro* (Special Prize of the Lorenzo Montano Jury, Anterem, Verona, 2002); *Orienti* (7 poems) with drawings by Carlo Cavallotti, (Signum edizioni d'arte, 2003); *Orienti* (16 poems), Fondazione Franco Beltrametti and Josef Weiss Edizioni (Switzerland) 2004; *Ancora orienti*, 2 poesie (il sagittario, Agliano Terme, 2004); *Le due sponde* (prosa, Archinto, Milano, 2006); *Una lettera, with other authors*, in *Dieci in paura* (prosa), assembled by Maria Nadotti, (Epoché, Milano, 2010); *Poemi & Oggetti* (an anthology of all her poetry, Le Lettere, Firenze, 2012); *Frisbees della vecchiaia* (Campanotto, Pasian di Prato, 2012); *Cos'è 'poesia'* (prosa, Edizioni Del Verri, Milano, 2012). Some of her books have been translated into German and English, and she is present in various Italian and foreign anthologies.

SANDRO OLIMPI

Born in Fermo (Ancona), he has collaborated with various literary magazines ("Alias", "Wimbledon", "Contatto") and he is in several poetry anthologies (*La doppia dimenticanza, Poeti della Sesta generazione, Vivere per scrivere*). He has published: *Felicità raggiunta, si cammina* (with photographer Mario Giacomelli, Fermo, 1992); *Automobili incontrate* (with photographer Romen Folicaldi, Fermo, 2001); *Oro, copia e la morte per treno* (with poet Antonio

Vallesi and drawings of Pierluigi Savini, Fermo, 2000); *la lista del silenzio, ultime voci: diario e partitura* (with photographer Francesca Folicaldi, Fermo, 2003); *Cinque quarti. Banlieue* (collection of poems, Albatros, Roma, 2011).

UMBERTO PIERSANTI

He was born in Urbino, where he lives and teaches at the local university. His poetry collections are: *La breve stagione* (Quaderni di "Ad Libitum," 1967); *Il tempo differente* (Sciascia, Caltanissetta, 1974); *L'urlo della mente* (Vallecchi, Firenze, 1977); *Nascere nel '40* (Shakespeare & Company, Milano, 1981); *Passaggio di sequenza* (Cappelli, Bologna, 1986); *I luoghi persi* (Einaudi, Torino, 1994); *Nel tempo che precede* (Einaudi, Torino, 2002); *L'albero delle nebbie* (Einaudi, Torino, 2008). Other publications are: *Tra alberi e vicende*, edited by Alessandro Moscè (Archinto, Milano, 2009). He has published four novels: *L'uomo delle Cesane* (Camunia, Milano, 1994); *L'estate dell'altro millennio* (Marsilio, Venezia, 2001); *Olimpo* (Avagliano, Roma, 2006); *Cupo tempo gentile* (Marcos y Marcos, Milano, 2012). He has also published in Spain: *El tiempo diferente* by Carlo Frabetti (*Los libros de la frontiera*, Barcelona, 1989); *Los lugares perdidos*, edited by Emilio Coco (Sial, 2011); *Les lieux perdus*, by Monique Baccelli (L'armattan, 2014); in United States: *Selected poems 1967-1994*, edited by E. Di Pasquale (Gradiva Publications, Stony Brook, New York, 2002).

FRANCESCO SERRAO

He is born, and lives in Rome. Among his publications: *L'elisir di mezzanotte* (Franco Maria Ricci, Milano, 1973); *Vita borghese* (Feltrinelli, Milano, 1975. Introduction by Alberto Moravia); *Tra notte e mattino* (Garzanti, Milano, 1985); *Le maschere della notte* (Garzanti, Milano, 1985); *Eleonora* (Passigli, Firenze, 1994. Introduction by Attilio Bertolucci); *Valli lontane* (Passigli, Firenze, 1996. Introduction by Enzo Siciliano); *Ombre dal mar venute* (Passigli, Firenze, 1998. Introduction by Walter Pedullà); *La locanda della polvere grigia* (Passigli, Firenze, 2002); *Lungo il Mar Tirreno* (Laruffa, Reggio Calabria, 2010). He is also the author of the children book *Il boscaiolo e la civetta* (Politi, Milano, 1989. English edition: *The Magical Woodsman and the Owl*).

IDA TRAVI

A poet, she is also a writer for music and theater. She collaborates with the Italian newspaper "Il Manifesto". After the recent publications: *TA' poesia dello spiraglio e della neve* (selected for Premio Viareggio 2011), and *Il mio nome è Inna* (selected for Premio Gradiva New York, 2012); her research into a personal mythology proceeds with *Katrin, saluti dalla casa di nessuno*, (Moretti&Vitali, Bergamo, 2014). Among her essays: *L'aspetto orale della poesia* (Anterem Edizioni, Verona, 2000. Selected for Premio Viareggio 2001, third edition for Moretti&Vitali, Bergamo, 2007). She wrote for the theater: *Diotima e la suonatrice di flauto* (La Tartaruga, Baldini Castoldi Dalai, Roma, 2004). She collaborates with many radio programs including RAI Fahrenheit, Radio Tre Suite, Rai Uno, Radio Bruxelles, Radio Popolare, Radio Svizzera italiana, and Radio Cà Foscari.

GIACOMO TRINCI

He is a teacher, poet, critic, and translator. He has published *Cella* (Pananti, Milano, 1994); *Voci dal sottosuolo* (l'Obliquo, Brescia, 1996); *Telemachia* (Marsilio, Venezia, 1999); *Resto di me* (Nino Aragno Editore, Torino, 2001); *Autobiografia di un burattino* (Gli Ori, Pistoia, 2004); *Senz'altro pensiero* (Nino Aragno Editore, Torino, 2006); *La cadenza e il canto* (Via del vento, Pistoia, 2007); *Inter nos* (Nino Aragno Editore, Torino, 2013, Winner of the Giuseppe Giusti Poetry Prize, XXIV Edition 2014). He was nominated for the Viareggio Prize 2014. He was editor of the literary magazine "Pioggia Obliqua", he collaborated with the literary journals "Stilos," and "Alias" of "Il Manifesto", and with the literary magazine of the Gabinetto Vieusseux. He has been translated into Spanish, Arabic, and English.

EDITORS' BIOGRAPHIES

Brunella Antomarini, PhD, teaches aesthetics and phenomenology at John Cabot University in Rome. Among her publications: *Thinking Through Error* (Lexington Books, 2012); *The Maiden Machine* (Edge Books, 2013); *The Acoustical Pre-history of Poetry*, in "New Literary History." She has translated books or sections of books by poets and writers such as Paul Vangelisti, Dino Garrone, Margaret Avison, and Richard Milazzo. She is one of the founders and organizers of *InVerse*, JCU's annual festival of Italian poetry in English translation.

Berenice Cocciolillo teaches Italian language at John Cabot University, where she is also Director of Web Communications. She is one of the founders and organizers of the *InVerse* poetry festival. She has translated works by many Italian poets including Jolanda Insana, Anna Cascella Luciani, Lidia Riviello, Gian Mario Villalta, Annelisa Alleva, and Bianca Madeccia.

Rosa Filardi teaches Italian language and culture at John Cabot University. She is also a founder and organizers of the *InVerse* poetry festival. She has been an actress, director, and theater instructor. She is also an author of short stories and theatrical works. Her recent studies and research focus on art as therapy, particularly in theater, dance, and creative writing.

www.ingramcontent.com/pod-product-compliance
Lightning Source LLC
Chambersburg PA
CBHW071452110726
47908CB00003B/594